おにぎりとワンルーム投資

IRR《内部収益率》17%をかなえる方法

後藤 聡志

きらめき不動産

クラブハウス

はじめに

前回「ワンルームマンションは8年で売りなさい」という本を出版したのが２０１２年２月です。

それから2年間の間に市況は大きく変化しました。ご存知の通り、アベノミクス効果で、投資用不動産マーケットも大きく相場が上昇しました。

また２０２０年に開催が決定した東京オリンピックも追い風となっております。

この本が出版される２０１４年、４月からは消費税が８％に、そして２０１５年10月には10％に増税されます。

消費税増税が調整機能は果たすでしょうが、その後もオリンピック開催までは、この上昇局面は継続するという見方が大勢です。

景気がいいのは結構なことです。しかし、前著にて、区分投資においての実質利回り９％を目標としていましたが、その条件で物件を探すのが、明らかに困難な相場となってしまいました。

では、市場がまた冷めるまで待った方がいいのでしょうか。

それも一つの考え方かもしれません。とはいえ、もしかしたら、その時が来ない可能性も無きにしもあらず・・・です。

結局のところ、その場その場のタイミングを見て、よりよい買い物をしていけば良いのかな、と個人的には思っています。


特に昨年２０１３年度からは、中古区分に融資をする金融機関が増加したこともあり、今回は融資を利用した区分投資に焦点を当てて、お話していこうと思います。

融資を利用することにより、必要最低限の自己資金の用意があれば、不動産投資をスタートすることが可能になり、キャッシュでの購入と比較して効率のよい区分投資が可能になるのです。

しかし、前著でも書いてありますが20年、30年に渡る長期間融資を組み、返済完了を待つというスタンスではありません。

あくまで8年～10年程度での売却を視野に入れた購入方法となります。仮に組む融資が30年であろうと、10年後に売却し残債を支払っても採算が合うか否かを、しっかりシミュレーションすることが大切なわけです。

また、完済を考えるのであれば、固定金利10年～15年程度の融資を利用する方法なども推奨しております。

人口減少時代において、時間というリスクを可能な限りヘッジするというのは、前著同様のスタンスとなります。

不動産のリートマーケットのプレイヤーも、物件取得から出口までを30年スパンで考えるのは非常識ですし（通常は3年程度で考える）、アメリカの不動産投資分析も保有期間は5年から10年程度というのが一般的です。

要するに20年、30年先のことなど予想すら出来るわけなく、「その期間保有しなければ、収支が合わないようなものは、不動産投資としては成り立たない」という考えです。

区分投資は、まず出口ありきで入口を考えるべきです。

そこから、キャッシュでいくのか、短期完済融資で行くのか。保有期間中のキャッシュフロー狙いでいくのか、方針を決めていく必要があります。

私が考える投資の重要ポイントは、次の4つです。

はじめに

お・・大家さん
に・・入居者
ぎ・・銀行
り・・利回り

本書のタイトルは、この重要ポイントの頭文字を並べて「おにぎりとワンルーム投資」としました。

まず、不動産投資の主体者である大家さんです。不動産投資に関して大家さんの性格というのは非常に大きな要素を占めており、そのスタンスを認識することがとても大切です。

極端なことを言えば不動産投資に向いていない人も多く存在するでしょう。

保有期間中のキャッシュフローを大きく狙いたいのであれば、ガツンと1棟物件を買うという選択もありますが、もちろんリターンに対するリスクが発生しますから、それだけの覚悟が必要です。

このリスクとリターンのバランス、どれだけリスクを取れるのかというのは、大家さんの性格により選択をすれば良いわけです。

また不動産投資をする人であっても、それだけを考えるのではなく、他の投資とのバランスの中で決めることも大切だと考えています。

大家さんの次に登場するのが入居者です。入居者がいなければ投資用不動産はただの負債物件です。いかに入居者の動向を読み、リスクを限定していくかを、ミクロな実際の視点からご説明します。

そして融資を利用するにあたり、必要なのは銀行との交渉です。金融機関抜きではキャッシュで買うしかないわけで、おのずと限界にぶち当たります。

レバレッジの正しい効かせ方やその判別方法、銀行の利回り（利率ではありません）と自分の利回りとの比較方法などをご紹介します。

大家さん・入居者・銀行と揃って最後に利回り。いわゆる表面利回りから、ＮＥＴ利回り、自己資金に対しての利回り、ＩＲＲ（内部収益率）までの分析方法を紹介します。

それにより、他の金融商品との比較がより行いやすくなるはずですし、今後読者の投資家様方に不動産購入の物差しとして役に立つことを願います。

5章と6章では当社で定期的に開催している、マニアックなセミナーコンテンツをコンパクトにご紹介します。

7章は実際の賃貸管理の現場から、担当者ならではの注意点をまとめました。

そして最後に弊社のお客様でもあるブロガーの投資家様のインタビューを掲載しております。

不動産投資系の書籍は数多く出版されておりますが、ワンルーム専門業者として、売買と管理の現場からの実例に基づくミクロな事例を可能な限り掲載しました。

「不動産投資の目的とは一体何でしょうか？」

私がセミナーで質問をする言葉です。

ただ不動産の数を増やすことだけが目的ではないはずです。キャッシュフローを生み出す不動産だからこそ意味があるわけで、結局のところ、お金を増やすことが目的です。

いつからいつまでに、どの程度のリスクと資本を使って資産を運用することが出来るのか。そこをしっかりと落とし込んで考えることは非常に大切です。

そして、増えたお金を使って、人生をより豊かなものにすることが最終ゴールです。

最後に。先述したように本書のタイトルの「おにぎりとワンルーム投資」は、

「お」大家さん、「に」入居者、「ぎ」銀行、「り」利回り。

それぞれの頭文字から取ったわけですが、おにぎりだって分析してみれば「米」のかたまり。

米を作るために必要なのは、田植えと時間とメンテナンス。

これって融資を組んで時間を使って行う不動産投資に似ていませんか？

将来、美味しく頂きたいのであれば、まずは田植え（融資）から始めるべきです。

そして信頼できるパートナーとしっかりと手を「握る」ことも大切。そんな思いでこのタイトルに決定しました。


これから不動産投資を始めようと思っている方、いくつか物件を購入したけれど、しっかりと運用できているか不安がある方々が、この本を読み少しでも何かしらのヒントを掴んでくだされば、これ以上の喜びはありません。

皆様の不動産投資がより良いものになりますよう、願っております。

平成26年5月

きらめき不動産　代表　後藤聡志

はじめに

目次

第5章　ギリ旧耐震を狙え！　人気セミナーより――103

第6章　東横線で幸せになろう　人気セミナーより――141

1

「お」大家さんの目標と目的の明確化

お　大家さんの目標と目的の明確化

●なぜ不動産投資!?

今から不動産投資を始めたいという方の中には、「どんな物件を買えばいいのか、まだ具体的な方向がわからない」という方も結構多いのではないでしょうか。

不動産投資と一言でいってもやり方は本当に人それぞれです。

投資先にも海外、国内がありますし、国内でも分譲マンションの一室だけを購入する区分、一棟（アパート、ビル、レジデンス）、戸建、またその建物の構造（木造・RC造・鉄骨造）にも、様々な種類があります。

さらにそれぞれに対して新築と中古かあり、中古で購入する際にも、築浅・築古などの種類があるのです。

購入の際も、自己資金をどれくらい使うのか？　融資を使うのであれば、どこの金融機関から、どのような融資条件（期間・金利）で融資をひくのか？　それぞれ選択肢は無数にあります。融資に対して抵抗感を持つ方も多いですが、うまくレバレッジを効かせることができるのであれば、使えるものは使った方がいいのではないかと個人的には思います。

よほどの資産家は別として、キャッシュ購入には限界があります。融資をうまく使うことによって、プラスの部分を得て、複数の物件を取得した方がより収益が増しますし、ある程度の戸数を持った方が空室リスクも低くなります。

「借金が増えるから、リスクも増えるでしょう？」という意見もあるでしょうが、ワンルームに関しては途中売却という手段が比較的容易にできますので、そこをうまくやることにより、損失をこうむる可能性は極力減らしていくことができます。

投資として考えれば、区分に比べて、一棟の方がレバレッジをかけることができますから、リターンも大きいでしょう。しかし、リターンが大きいということは、想定されるリスクも大きくなります。

取れるリスクの大きさもその方の属性や性格によって異なってきます。**どのやり方がいい悪いではなくて、あなた自身がどういうスタンスで臨みたいのか？　その方向性を定める事がもっと**

も重要なのです。

また、**自分自身の投資の目標点、ゴールを明確化するということも大切**です。

代々の地主や資産家の家系で、不動産投資を継続せざるを得ないというような立場なら別ですが、単に自らの資産を運用するための「投資」という目線で見るのならば、別に不動産投資だけにこだわらなくても良いというのが私の持論です。

何か他の事業でもいいと思いますし、株、債権、預金、事業、商品、FX（為替）、などを検討してみるのも良いと思います。

不動産投資は、いろいろある投資の中の、選択肢の一つです。投資全体のポートフォリオを考えて、バランスをとっていきましょう。

●情報に踊らされていませんか？

今、不動産投資は一棟が主流になっています。私はそれを否定はしません。

たしかに投資としては一棟でやった方が、レバレッジを効かせることができますので、自己資金に対してのキャッシュフローが区分マンションに比べて大きくとれ、スピーディに資産を増やす事ができるでしょう。

ハイリスク・ハイリターンとローリスク・ローリターンというように、リスクとリターンは比例します。「リターン＝リスク」ですから、リスクがとれるのであれば、一棟を行なえばよく、リスクを取りたくなければ、自分にあった別の方法を考えればよい話です。

また、最近は地方まで遠征して高利回り物件を追い求め、ご自身でＤＩＹをしてコストカットに努める大家さんもいます。本で読めばおもしろい話ですが、誰もが真似できることではありません。自分がそこまでやりたいのか、実際にできるのかといえば、「ＮＯ」という方が多いでしょう。

区分マンションにはボロ物件のような高利回りや、ハイレバレッジの一棟物件のようなスピードはありません。

しかし、すべてのサラリーマン大家さんが、不動産投資でリタイヤを目指しているわけではありません。

「ほどほどのリスクに対して、ほどほどのリターンが欲しい」

そのように不動産投資を一つの副収入としてとらえている人にとっては、区分マンションは最適な投資手法ではないでしょうか。

また、現在は投資物件の相場もあがっており、高収益物件を見つけるのはプロでも難しくなっています。「いい物件がないので買いたくても買えない、そのため、なかなか不動産投資をスタートできない」というジレンマに陥っている方も多いのではないでしょうか。

区分マンション、特に私が専門にしているワンルームマンションは、比較的流動性が高く売買相場も形成されているので、買ったり売ったりがしやすく、投資機会を逃さないというメリットがあります。

時間や資本のないサラリーマン大家さんにとっては、この気軽に売り買いできる流動性の高さも大きな魅力の一つです。

●ゴールを明確化する方法

不動産投資を始めるにあたっては、大家さんとしての「方向性」と「目的」を明確化しておくことが重要です。つまり、自分が**「投資に何を求めていくか」**をあらかじめ決めてからスタートするということです。

まずは自己分析からです。次の項目をチェックしてください。

・年齢
・属性
・資産
・性格

・年齢

年齢はローン期間に影響します。若ければ長期の融資が可能ですし、長期ローンを組むことによって月々の支払いが抑えられて、キャッシュフローが出やすくなります。

・属性

属性とは金融機関がその個人が「信用に値する人間なのか」を測るための指標です。職業、勤続年数、配偶者の有無、家族構成など総合的に判断され、ローン条件に影響します。年収により、融資条件も変わります。

いわゆる公務員や一部上場企業の社員が高属性とされています。

・**資産**

貯金額は？　そのうち不動産投資に使える金額は？　また、担保として使える他の不動産や株・債券などの所有状況は？

自己資産の割合によって、どの程度のレバレッジを効かせられるのかも変わってきます。

・**性格**

投資にはその人の性格が大きく影響します。投資にリターンを求めるのは当然ですが、自分がどの程度のリスクが許容できるのかというのは、それぞれの性格によるところが大きいのです。

●自分のライフプランを考えてみよう

続いて自身のライフプランの中で、どのような効果を期待するのかを考えてみましょう。

漠然と「資産を増やしたい」というのではなく、**自分が何歳のときにどの程度の資産運用が出来ている状態を目指すのか？**　そこを明確にすると、実際の数字が見えてきます。

結婚、出産、入学、車、マイホーム、親の介護や自分の定年までの長期のライフプランを見据えて、予測を立てていきます。

例えば、貯金３００万円、年齢30歳の人であれば、自己資金１００万円で３つの物件を融資で購入するのも良いですし、１５０万円ずつ２つの物件を融資で購入しても良いでしょう。

３００万円の現金で買える物件もありますが、残された人生の時間はまだ多くあるので、銀行の融資を活用するほうが効率はよいと思います。

次にライフプランに合わせて考えてみます。例えば、子供がいる場合、**学資保険との併用**で考えるのも有効です。

子供が生まれると、その子供が18歳になったときに満期となる学資保険に加入する親は多いですが、不動産投資を利用して学費を捻出するという思考の親はまだ少数派です。

学資保険はその名のとおり、保険という名目で貯蓄をしているようなものです。ほぼゼロ金利の現在では、満期に受け取れる額はそれまで自分が支払った額の合計にしか過ぎず、そこに資産運用という概念はありません。

では、子供が生まれた時に、学資保険に加入すると同時に、18年の融資をひいてワンルームマンションを購入した場合はどうでしょうか。

さほどリスクをとらなくても、毎月積み立てる学資保険分くらいのキャッシュフローを生み出すことは十分可能ですから、それを蓄えておけば単純に2倍の学資を確保することができます。また、子供が18歳になった時点で売れば、ローンは完済していますので、売却金額がまるまる手元に残ります。

次に、リタイヤした65歳の人が1億円の現金を持っている場合で考えてみましょう。

1億円を切り崩して生活をする場合、85歳まで生きるとしても毎年の生活費は５００万円に抑える必要があります。だんだん蓄えが減っていく事に対しての心理的な不安も大きいですし、高齢になるにつれて資産管理が難しくなってきます。

それであれば、1億円分の収益不動産を購入して、利回りから物件にかかるコストを差し引いて６％程度で運用したとしたら、毎年６００万円のキャッシュフローが生まれます。

物件の管理はアウトソーシングできますから高齢でも問題ありませんし、相続のことを考えても、現金で持っているよりも効率的です。

このように、不動産投資の取り入れ方は、その方の資産背景だけでなく、ライフプランにも大きく関わってくるのです。

コラム 区分所有マンション投資での法人化

お客様から法人化の相談を受けることがあります。

法人化を考えるのは、お医者さんや士業などの個人事業主（フリーランス）で年収の高い方が多いのですが、年収の高いサラリーマンの場合も、不動産所得を合算すると、法人化した方が節税になるケースが少なくありません。家賃収入と給与収入が合算されて、法人税より高くなるラインが法人化の考え時です。

所得税の税率は、分離課税に対するものなどを除くと、5%から40%の6段階に区分され、所得が上がれば税率もどんどん上がっていきます。所得税が上がると、連動して住民税や国民健康保険料も上がってしまいます。

この対策として、今まで個人で不動産投資をしていたのを法人化するということがあります。法人で物件を所有し、個人への方の給与所得を下げ、お金は法人の方に残していくのです。

不動産の資産管理会社として法人を設立する際には、従来の株式会社や個人事業主だけでなく、「合同会社」という形態を選択する方が増えています。

一般にはまだ耳慣れない形態かもしれませんが、株式会社に比べて低コスト（6万円程度）で簡単に設立可能で、経営の自由度が高いというメリットがあります。

税務的には株式会社とまったく同じで、個人事業主よりも経費の範囲が広がります。一人でも設立でき、最低資本金の規制もありません。もし事業の拡大などで株式会社に移行したい場合には、10万円程度の費用で株式会社に変更が可能です。

法人への所有権の切り替えをする場合、キャッシュで買っているのであれば簡単です。個人から法人に転売し、法人が所有する形にすればよいでしょう。決済は現金でなくても、個人と法人で金消契約を結んで月々払うような形にしていくなど、いくつかの方法があります。

注意点としては、融資を受けてローンで物件を購入している場合、法人への組み換えは簡単にはできません。

その場合でも、資産管理のための法人を作ることで、個人の住居を法人名義で社宅として借りたり、家族を社員として雇って給与を払う形にするなど、経費化できる部分が大きく増えますので節税のメリットはあります。法人設立後からは法人名義で物件を増やしていけばよいのです。

まずは区分を1つ2つ買ってみて、投資スタンスを決めてから、法人化の準備をしても良いのではないかと思います。

また、心配される方も多いのですが、法人化したからといって、将来的に銀行からお金借りる時に、不利になることはありません。

法人からの給料を低くしておけば、法人に利益が残り毎期黒字になります。黒字を積み上げていけば、銀行の融資も出やすくなります。

2

「に」入居者の好みやエリア分析の必要性

に　入居者の好みやエリア分析の必要性

●不動産投資は入居者がいてなんぼの世界

第2章は入居者について考えてみましょう。

不動産投資は「入居者がいてなんぼ」の世界です。大家さんは入居者の好みやエリア分析を行い、入居者に選ばれる物件を提供しなくてはなりません。

物件購入前にチェックすべき点は多数あります。ターミナル駅までのアクセス、またその駅の乗降者数や商業施設の数、利便性などなど。

賃貸動向をマーケティングするのには『ホームズ、見える賃貸経営』(http://toushi.homes.co.jp/owner/) がおすすめです。無料で誰でも見ることができます。

それぞれのエリアの人口ピラミッドや、希望予算グラフなど、色々なデータが出てくるので、参考になるかと思います。

駅に関していえば、賃貸不動産会社数も地域の賃貸需要の目安になります。その物件は、駅か

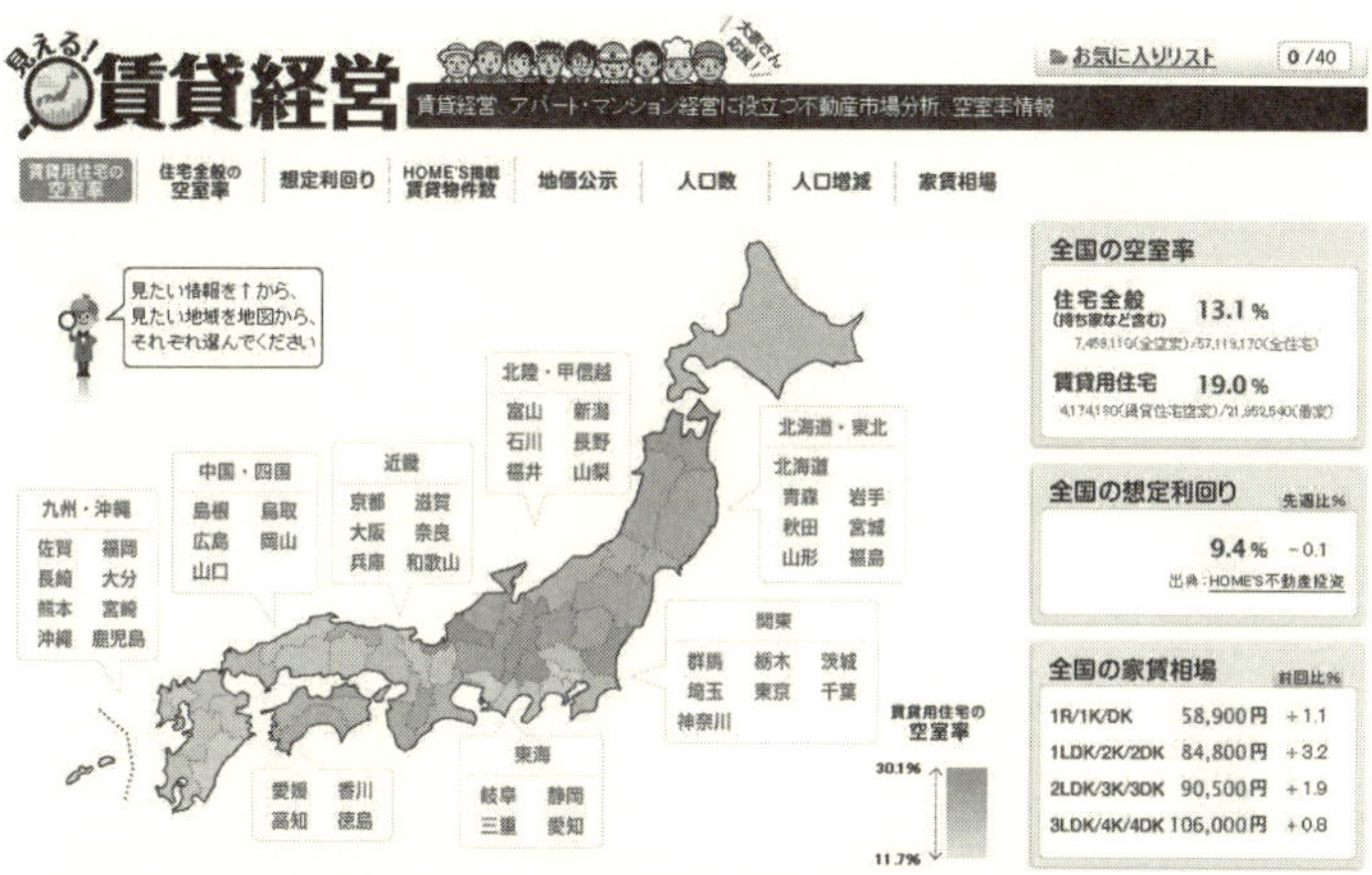

「ホームズ見える賃貸経営」　http://toushi.homes.co.jp/owner/

ら徒歩何分なのか。近くに大学や工場などの入居需要があるのか。入居需要は長期的に見込めるものなのか。

　このように条件を並べていくと、キリがない部分でもあります。あまり「こうであってほしい条件」にこだわりすぎると、購入するのは難しい時代です。たとえ理想的な物件があっても、収益性が伴わないことがほとんどです。

　私はあまり**セオリーにこだわってはいけない**と思っています。物件タイプはもちろん、エリアによっても入居ターゲットは変わります。

　これは一例なのですが、小田急線の新百合ヶ丘駅には一棟しかワンルームの区分マンションがありません。この駅はファミリー需要が多く、単身者がおりるエリアではないのですが、まわりにアパートしかないため、この区分マンションは入居付けに圧倒的な強い力を持ちます。

また、入居者に関しても、セオリーにこだわってはいけないと思います。時代は変わっています。今は、学生や会社員に限らず、独身単身者が多くいます。少子高齢化で人口動態が大きく変化していく中で、間口を広げて入居者を受け入れなければ、やっていけない時代になりました。

一昔前なら入居を断っていたような高齢者や外国人も、無視できない存在です。属性によるリスクをヘッジするための保証会社もあります（保証会社については後程詳しく説明します）。

●入居者のニーズを探る〜人気のある設備や、それに対して支払える増加賃料〜

ワンルームマンション経営に必殺技はありません。

今の賃貸事業は、入居者の方からの要望が多くなっています。また、海外に見られるような家具付きの物件の需要が日本でも増えてきています。今後、そのような流れは加速していくでしょう。

首都圏の単身者家賃の平均予算は6万円と言われています。様々な要望がある中で、多くの方が「バス・トイレ別」を希望していますが、予算には限りがあるので妥協する部分でもあります。

■人気設備ランキング（全国）

（総合）

	設備	支持率	家賃UP許容額
1位	エアコン	87%	2044円
2位	追い炊き機能付きの風呂	76%	1185円
3位	高速インターネット通信	74%	1098円
4位	TVモニタ付きインターフォン	71%	1121円
5位	断熱サッシの窓	68%	1094円
6位	保温機能に優れた浴槽	66%	1077円
7位	節水型のトイレ	65%	824円
7位	オートロック	65%	1724円
7位	宅配ボックス	65%	1195円
10位	防犯カメラ	64%	1129円

（家賃帯別／抜粋）

・低家賃層（4万円未満）

		家賃UP許容額
1位	エアコン	1570円
2位	断熱サッシの窓	784円
3位	保温機能に優れた浴槽	1248円
4位	節水型のトイレ	636円

・中家賃層（4～8万円未満）

		家賃UP許容額
1位	エアコン	2012円
2位	断熱サッシの窓	1168円
3位	保温機能に優れた浴槽	841円
4位	節水型のトイレ	750円

・高家賃層（8万円以上）

		家賃UP許容額
1位	エアコン	2955円
2位	断熱サッシの窓	1284円
3位	保温機能に優れた浴槽	1486円
4位	節水型のトイレ	1256円

リクルート住まいカンパニー調べ（2013年3月）

また、エアコンは既にあって当たり前の設備ですが、これが、例えば壁掛けテレビ、インターネット、ケーブルテレビ、追い焚き付きのお風呂などの設備の場合、いくらくらいの賃料アップが見込めるのか。「この設備があれば、いくらまでなら払えるか？」というアンケートをとったデータもありますので、参考にするとよいでしょう。

区分マンションの場合は、オートロックなど共用部分の設備を後からつけるのは無理ですが、できる範囲の設備で付加価値をつけて家賃アップを狙っていくというのは、現実にできます。

我々もリノベーションによって家賃を1万～2万円あげた実績があります。このリノベーションに対してのコストをどれだけ見るか。単純に投資利回りだけではなく、設備としての減価償却などもとれますので、費用対効果を考えながらバランスのよい設備投資を行っていくことが大切です。

■出生数と死亡数の推移

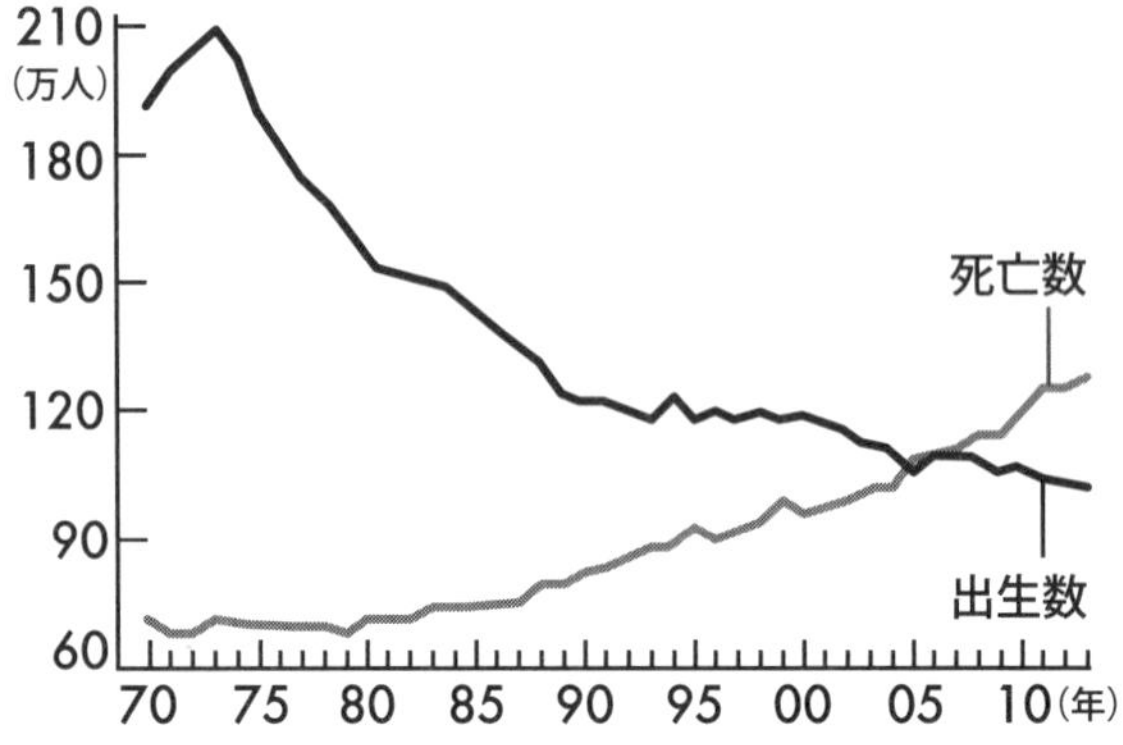

出所・厚生労働省の統計より

●日本の人口動態を探る

ここで改めて、日本の人口動態をデータで検証してみます。日本は高齢化社会であることは、みなさん良くご存知だと思います。

厚生労働省生労働省による人口動態統計の年間推計（http://www.mhlw.go.jp/toukei/saikin/hw/jinkou/suikei13/index.html）によると、2013年の出生数は約103万人となり、前年より約6000人ほど減少しています。これは出産できる年齢の女性が減っているためです。

一方、死亡数は約1万9000人増えて、127万人以上の見込みです。結果として、約24万人の日本人が消えることになります。

■高齢者人口の割合の推移

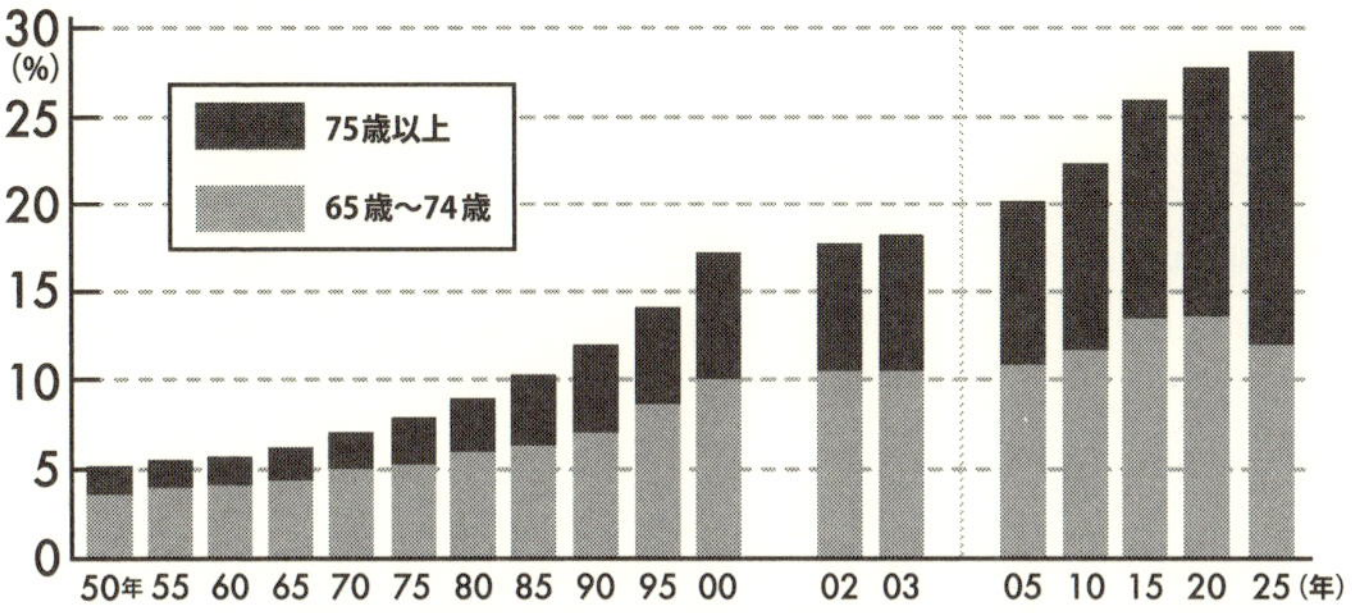

出所・国勢調査、日本の将来推計人口（国立社会保障・人口問題研究所）

これが毎年続いていくのですから、賃貸経営者として危機感を持つ必要があります。

人口構成でいうと、全人口に対する65歳以上人口の割合（高齢化率）は、急速に高まると予測されています。

国立社会保障・人口問題研究所による日本の将来推計人口（平成18年12月推計、死亡中位推計 http://www.ipss.go.jp/syoushika/tohkei/suikei07/suikei.html）によれば、２０３０年には、65歳以上の高齢者人口が３６６７万人で全人口の約３割になります。

一方、18歳から64歳までの生産年齢人口は、６７４０万人で、全人口の６割弱となり、この６割弱の働き手で３割もの高齢者を支える構造となるのです。

国としての問題になりますが、賃貸経営の視点でいえば、高齢者層は大きなマーケットでもあることがよくわかります。

また晩婚化や結婚しない人も増えて、世帯数はむしろ増えているという話もよく出ますが、これについては総務省統計局による平成20年の住宅・土地統計調査（http://www.stat.go.jp/jyutaku_2013/about/ja/what/number.htm）にわかりやすいデータがあります。

総住宅数及び総世帯数の推移総住宅数は５７５９万戸、総世帯数は４９９７万世帯となっています。

平成15年調査の結果と比べ、総住宅数は３７０万戸（６・９％）、総世帯数は２７２万世帯（５・８％）と、たしかにそれぞれ増加しました。

第１回調査が行われた昭和23年の総住宅数は１３９１万戸でしたので、その後の60年間で約４・1倍に増えたことになります。

少子高齢化が進み、人口減少社会が現実のものとなりつつある中、総住宅数が総世帯数を上回り、空き家の増加が続いています。

空き家率（総住宅数に占める空き家の割合）は昭和38年以降でみると、一貫して上昇を続け、平成10年に初めて1割を超え、５７６万戸となり、平成20年には７５７万戸となりました。

その空き家の内訳は、流通が見込まれる賃貸や売却用の住宅が４４８万戸で、全体の約６割を占めています。

■総住宅数及び総世帯数の推移－全国(昭和38年～平成20年)

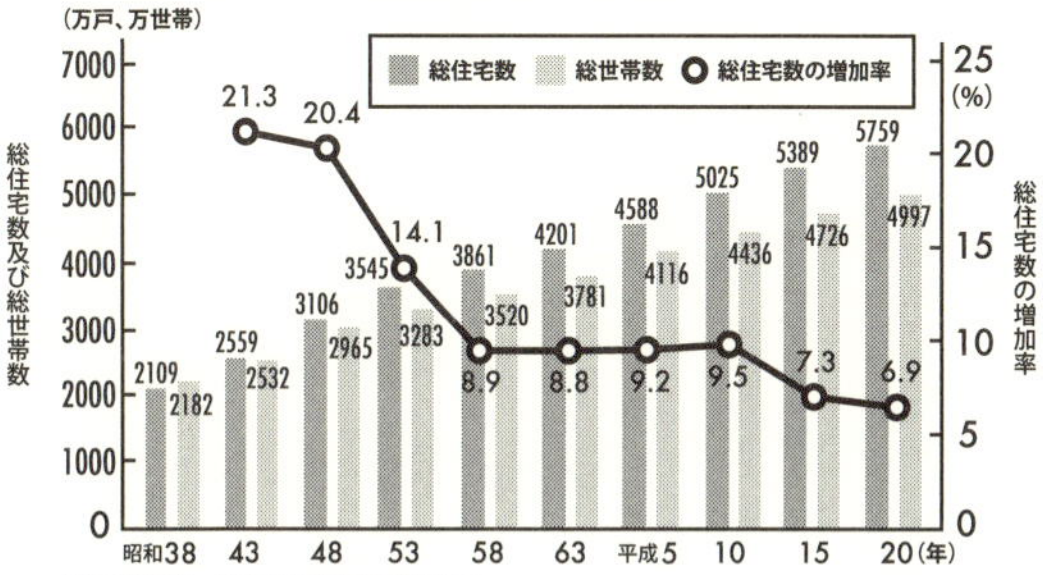

※昭和38年、43年は沖縄県を含まない。

出所・総務省統計局統計データより

■空き家数及び空き家率の推移－全国(昭和38年～平成20年)

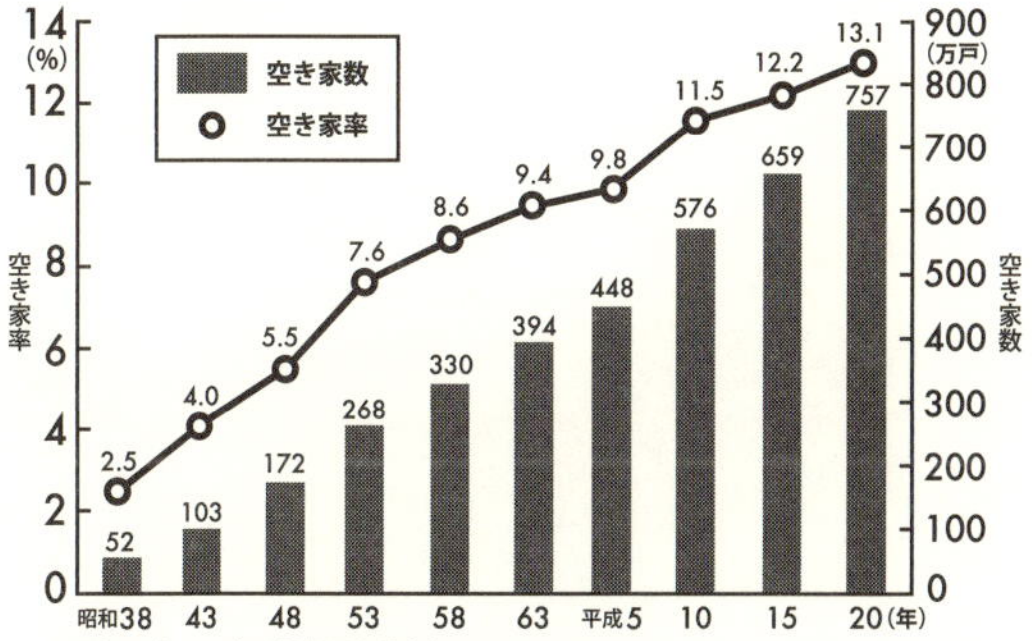

※昭和38年、43年は沖縄県を含まない。

出所・総務省統計局統計データより

■空き家の種類別割合－全国(平成20年)

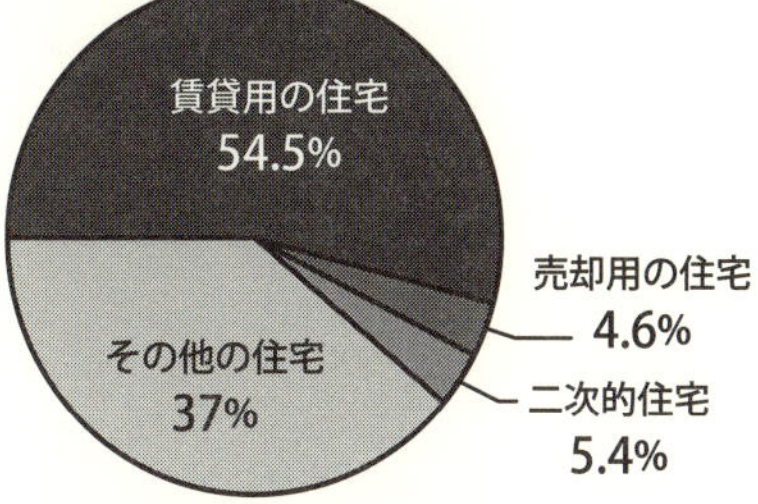

※「その他の住宅」には、空き家の種類が不明の住宅や、
取り壊し前の住宅、長期間不在の住宅などが含まれます。

出所・総務省統計局統計データより

■平均世帯人員の推移

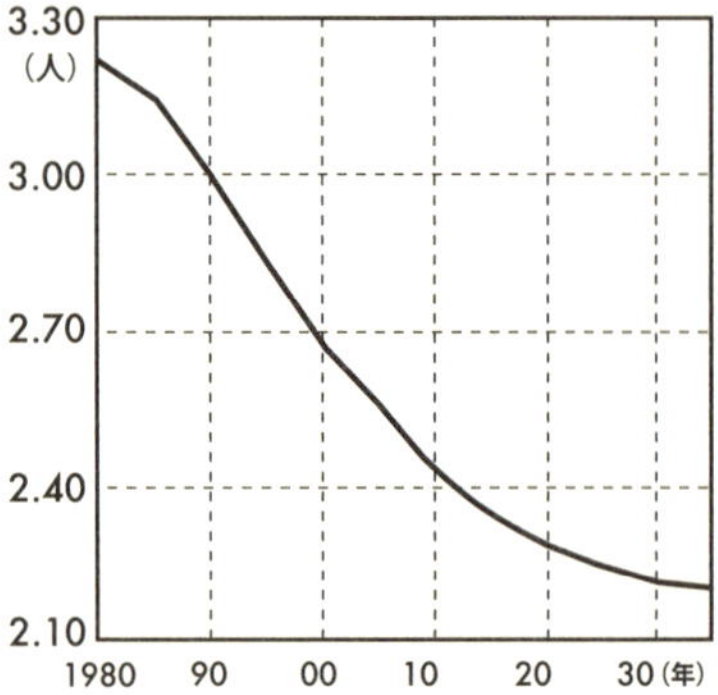

出所・国立社会保障・人口問題研究所推計より

■一般世帯総数の推移

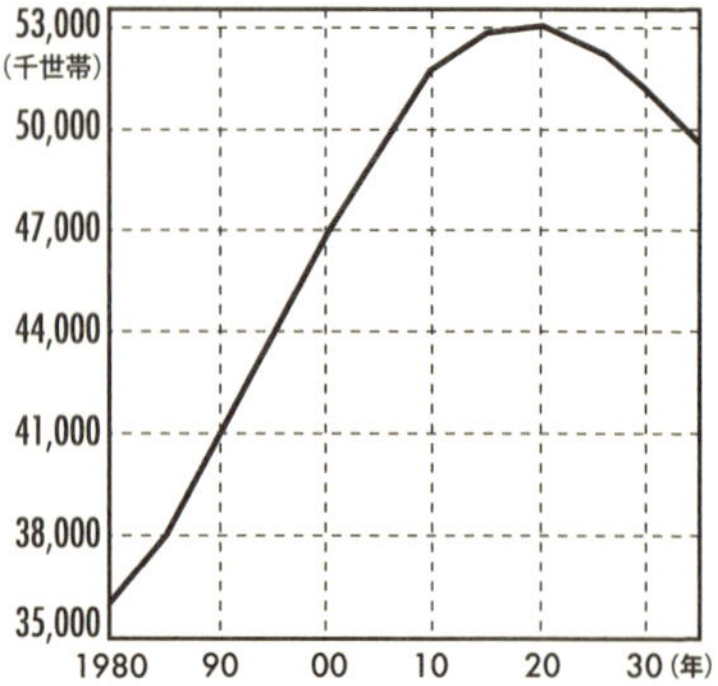

出所・国立社会保障・人口問題研究所推計より

これが今後どうなるのかといえば、国立社会保障・人口問題研究所の２０１３年1月推計の「日本の世帯数の将来推計（全国推計）」(http://www.ipss.go.jp/pp-ajsetai/j/HPRJ2013/yoshi.html) によると、世帯総数は２０１９年をピークにして減少、世帯人数も減少します。

具体的なデータでは、世帯総数は２０１０年の５１８４万世帯から増加して、２０１９年の５３０７万世帯でピークを迎えた後、減少に転じて、２０３５年には４９５６万世帯まで減ります。

平均世帯人員は２０１０年の2・42人から減少を続け、２０３５年には2・20人となります。この数値は平均値であり、具体的には「単独世帯」「ひとり親と子の2人世帯」という小規模な世帯の増加が見られ、また従来は増加していた「夫婦と子」は減少していきます。

ここでいう「ひとり親と子」は、離婚したひとり親と子ではなく、配偶者と死別した高齢の親と中年の子の世帯であることが、日本の高齢化社会を象徴しています。

このことから、高齢者への賃貸需要の増加、生産人口の減少から外国人労働者の増加による外国人需要、また小規模世帯が増えるのは、２０１９年までで、それ以降は減少に転じるということで、単身者向けだからといって安泰ではないということです。

収益性や各大家さんのライフプランに合わせて、このようなデータも加味すれば、築浅物件をずっと所有するよりは、自身の状況と時勢に合わせての売却、物件の入れ替えなど、柔軟に対応する必要があると思います。

●競合物件との差別化を図る（広告費・リノベーションなど）

入居者を「いかに早く決めるか」において注視したいことに、「広告費」と「リノベーション」があげられます。

広告費とは、不動産会社が入居を決めたときに支払う「広告宣伝費（ＡＤ）」です。敷金や礼金と同じように家賃1ヶ月、２ヶ月など家賃単位で支払われます。

「リノベーション」は説明するまでもないですが、通常は原状回復といって、入居前に戻すという最低限の工事を行うところを、さらに物件の魅力をアップさせるような工事を施すことを指します。

ここでは効果的な広告費の使い方と、リノベーションを提案します。

まず広告費。これはＡＤとも呼ばれますが、仲介業者の手数料は、本来は宅建業法上では家賃1ヶ月分を上限として、それ以上とってはいけないと定められています。それを広告費と言う名目で余分に取ることが常態化しているのです。

エリアによって差があり北海道は3ヶ月、東京・神奈川は1ヶ月程度、場所によっては2ヶ月出す人もいます。

客付け業者さんの中には、広告費の高いところから案内するところもあります。実際に「広告費を出さないと案内しません」と明言する業者さんさえいます。ある程度出したほうが、案内してもらいやすいので早く決まることは事実です。広告費の費用負担を、大家さん側だけでなく、客付業者と50％・50％でやる場合もあります。これは、賃貸管理会社を選ぶ際のポイントにもなるかと思います。

私はかねてより「区分マンションは8年で売りなさい」と提唱していますが、空室が長く続いてしまっては収支が合いません。

リフォームで部屋をきれいにするのと、ＡＤを積み増すのでは、どちらが効果的なのかは難しい判断ですが、空室を素早く埋めるためにＡＤを使うこともあります。

とはいえ、将来的にはこういった商習慣は無くなるかもしれないと思っています。なぜならＴＰＰには不動産の項目もあります。グローバルスタンダードが入って来た際に、現在の仕組みが大きく変わっていく可能性もあります。

この広告費について全国賃貸住宅新聞が不動産業者へ対するアンケートをとっています。「問題だと思いますか？」という質問に「はい」と答えているのは、おそらく管理会社や大家さんサイドだと思います。

「いいえ」というのは、仲介業者です。彼らには、家賃1ヶ月分の仲介手数料だけでは成り立たないという事情もあるようです。

案内を3件4件して、1部屋5〜7万円。1ヶ月の営業ノルマがだいたい１００万円くらいあるとすると、ワンルームだけで考えると、15〜20件くらい決めないと間に合いません。これは1日に1件は決めていかないと追いつかないペースです。そうすると、2ヶ月、3ヶ月ＡＤがついているものを狙って、効率的に営業成績をあげていきたい訳です。ただ、それが「倫理観にみてどうなんだ？」というと、こういう結果になっています。

それが10年後なのか、20年後なのかはわかりませんが、このからくりが広く知られてしまえば、

Q：仲介時に受け取る広告料・AD と呼ばれる手数料が上昇している状況を問題だと思いますか？

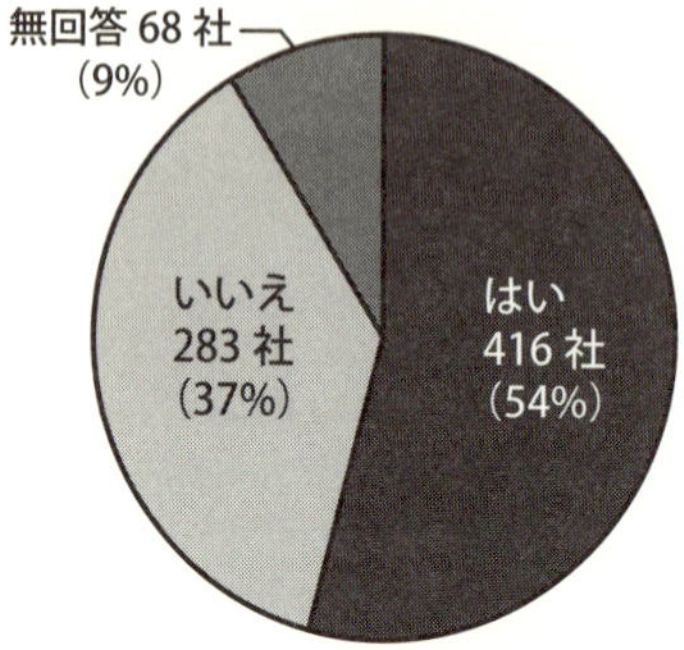

（全国賃貸住宅新聞社調べ）

客付業者にAD1ヶ月出すよりも、1ヶ月のフリーレントをつけてあげた方が入居者さんの得になるので、よっぽどいいという話になります。

インターネットで物件探しをする人が増え、最初から「この物件をみたい」と絞り込んで客付会社に来る方が増えているようです。

いくら客付会社がADのある物件を紹介したくても、お客さん自身が選んできた物件の方が決まりやすいのは当然です。

個人的な感触としては、やはり世の中の流れが、入居者さん主体の物件選びにシフトしつつあると感じています。

プロモーションに関しては「管理会社がどういう集客活動をするのか？」をしっかりチェックしてください。

全く放置されているお部屋は本当に存在します。私の知っている中では、「空室3年です！」

という部屋もありました。よく大家さんが黙っているなぁと思うのですが・・。

管理をお任せ頂いた側としては、1ヶ月以内がベストですが、やはり3ヶ月以内には入れたいと思います。そのためには、入居者から退去の申し出があったときから募集をかけます。

退去の通告は基本1ヶ月前です。次の日に出たとしても1ヶ月分まで家賃がもらえますから、その1ヶ月間でやれることがあるのです。

まず退去予定でポータルサイトに載せて、客付業者、今までつけてくれていた会社にも「また退去があるのでお願いします！」と事前に情報を流しておきます。こういう事前の活動をするかどうかで全然ちがいます。

先日、杉並区の事例では、退去前から募集に200％のADを出していて、予約が入ってすぐ決まりました。

また、プロモーションを効果的に行うためには、見栄えも大切です。物件の写真をきれいに撮ることです。

入居付については「○○をすればすぐ決まる！」という必殺技的なものはなく、全体的にどれだけマメに、しっかりやるかが大切ではないかと思います。

●リノベーションは費用対効果を考える

リノベーションは、ちょっとしたブームになっています。古い物件でも、お金をかければ新築同様になるのがリノベーションの醍醐味です。

ただ、ワンルームに関しては、スケルトンまでやってしまうと100万円では足りなくなりますので、表層だけ変えるのがおすすめです。

通常の原状回復が10万円程度であれば、ちょっと予算を上乗せして見映えだけ変えていく、というところでも充分効果はあります。

例えば、壁紙の一面だけを違う色のアクセントクロスにしたり、ドアにペンキを塗ったりすることで、印象はグッと変わるのです。壁紙を入居者にセレクトしてもらうようなサービスも今は増えてきています。

あとは設備です。照明をＬＥＤライトに変える、ＩＨコンロにかえる、トイレをタンクレスや節水型タイプのものにする、ポストをオシャレなものに変えるなど、その予算と状況によって、入居付に差をつけることができます。

この辺りは何がベストというものでもなくて、エリアと広さ、出たタイミングが繁忙期かどうかというところも、どのくらいお金をかけてやるかの判断基準になります。

最近賃貸フェアの展示会などでは、ワンルームのリノベーションパックが流行っています。数十万円のリノベーションパックは、「どうせ原状回復工事に10万円かかり、広告費もかかるのであれば、30万円使ってインパクトのあるリノベーションをやった方が効果がありますよ」という商品です。予算内でプロにデザインしてもらえますので、資金計画もたてやすく、品質も安定しているというメリットがあります。

リフォーム事例については、第5章「ギリ旧耐を狙え！」でも紹介していますので、参考にしてください。

●入居者のトラブル事例とその対処方法（滞納・騒音・自殺・孤独死など）

入居者が決まってこその不動産投資ですが、入ればすべてが順調にいくというわけではありません。ここでは私が実際に体験したトラブルと、その対処法を紹介したいと思います。

こういったトラブルは滅多にあることではありませんが、交通事故と同じようなもので、100％避けられることでもありません。

不動産投資を行う以上、自分自身にも起こりうるリスクとして、できる限りリスクヘッジをしておきたいものです。そのためのノウハウもお伝えします。

（1）滞納トラブル　～入居者失踪の事例～

オーナーチェンジで購入した部屋で滞納が発生した事例です。

当社で入居募集をしていれば保証会社に加入させるのですが、従来の入居者の賃貸借契約を引き継ぐ形で購入していたので、保証会社の利用はありませんでした。

住んでいたのは、40代前半の男性の会社員の方です。何度こちらから督促の連絡をしても、まったく連絡がとれない状況でした。

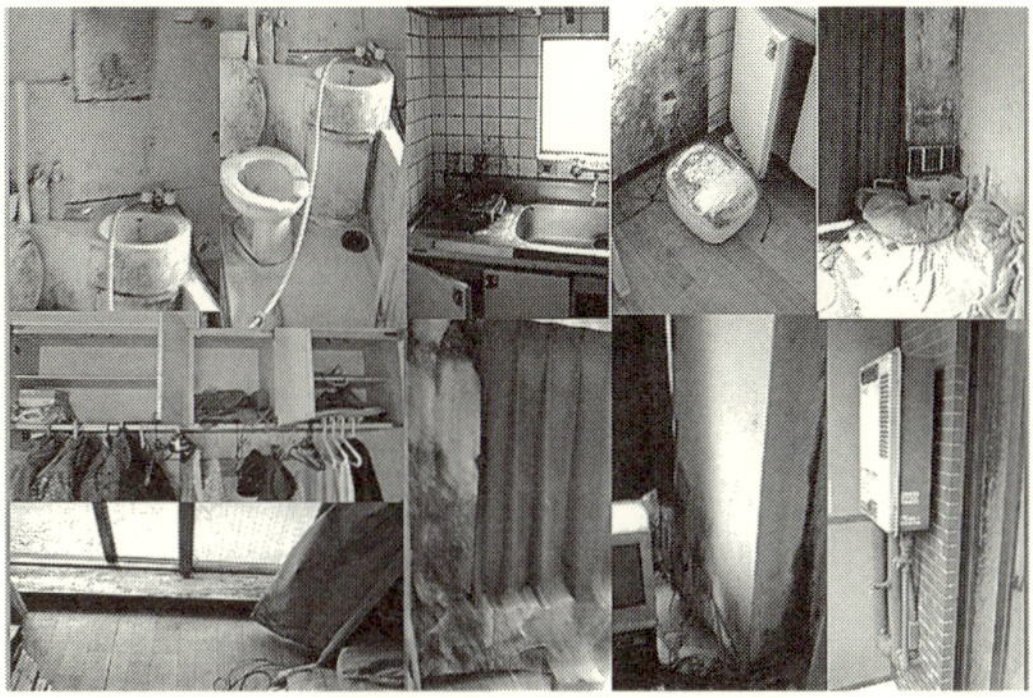

連帯保証人は地方在住の年金暮らしのお父様で、毎月の家賃に関しては、このお父様が年金から立て替えて払ってくれていましたが、賃貸契約の2年毎の更新の時期が来た時に「年金が半分くらいに減って苦しい。もうこれ以上は家賃の支払いは勘弁して欲しい」と言われてしまいました。

とはいえ、入居者本人の方とは相変わらず連絡が取れていなかったので、警察官を呼び、立ち会いの元で開錠して入室しました。契約上、大家の代理であっても勝手に鍵を開けることはできないのです。

この時、入居者さんは部屋の中で様子をうかがっていたようです。ドアをガチャッと開けると、慌てて二階のバルコニーから飛び降りて、走って逃げていってしまいました。なお、そのまま今も、消息不明だそうです。

写真のように部屋の全面がカビだらけです。「よくここに住んでいたな」と思いますが、中にはこういう人もいるということです。

連帯保証人が押さえられていたので、保証人の方の負担でフルリフォームしてキレイに直すことができ、大家さんの経済的な被害は工事期間が空室期間になった程度ですみました。

オーナーチェンジで投資物件を購入すると、すぐに家賃が入ってくるというメリットがありますが、どんな人が入居しているか把握しづらいというリスクもあります。やれることといえば、事前に問題ない入居者さんかどうか、滞納はないか、ヒアリングをするくらいです。

なお、この物件は世田谷の家賃が7万〜8万円程度のエリアで、低属性の方が住む物件でもありません。一般的に3万〜4万円の部屋の方が荒れているイメージを抱きますが、実際には7万、8万円の家賃の物件でもこういうことが発生しています。

新規で募集するのであれば、保証会社を必ずつけることです。夜逃げや滞納に対する保証もありますので、契約内容は必ずチェックしておきましょう。

(2) 滞納トラブル　〜裁判から強制執行の事例〜

中央線沿線の人気駅にある物件です。室内がペンキで真っ白に塗られてしまったケースです。家賃滞納が続き、結局裁判をして強制執行をして明け渡したら、こういう状態になっていました。

滞納を法的に処理しようとすると、出てもらうまでに時間がかかります。3ヶ月滞納の実績をつけてすぐ動いても、そこから裁判に半年近くかかり、強制執行までどうしても1年近くはかか

るので、改善の見込みのない滞納者には、早期に自分から出てもらう方向で話をつけたいところです。

この物件を扱うようになったきっかけは、当社の担当営業が大家様に売却の打診をしていたときに、実はその部屋は滞納が4年程続いているということを相談された事でした。何故そんなに長期間、滞納を放置していたのかは不明なのですが、そのオーナー様自体が他の物件の運用も含めてうまくいっておらず、首が回らなくなっていたようです。

結局、その大家さんも自己破産をするという結末になってしまったのですが、初めて物件を見に行ったときから代理人の破産管財人の弁護士が全て仕切っている状態でした。

この物件は弊社の仲介では売却しませんでしたが、結局、他社の仲介会社が1000万円弱程度で売却したと後から耳にしました。立地が良いのでリフォームで200万程度上乗せ計算しても買いたいという需要があった物件です。

(3) 事故物件 ～自殺のあった事例～

自殺があった物件を「事故物件」と言います。ユニットバスで、「混ぜるな危険」と注意書きのある塩素系の洗剤と、農薬を混ぜて自殺された方がいました。

当社の管理物件ではなく、大家さんの「事故物件なので売りたい」という依頼から始まった話で、担当者に現地を見に行かせました。遺体はなかったのですが、生々しい痕跡が残っていました。浴室ドアには張り紙があり「立ち入り禁止　毒ガス発生中、通報願います」と書いてあります。これは自殺した方が書かれたようです。

他のトラブルを起こされる方よりもきちんとしているというか、そこまで他人に気配りできる方ならば、違う道もあったのではないか、と残念に思います。

この物件は事情を知った上で、中国人の方が安く購入されました。相場が250万から300万円のところを150万円で購入されたので、半額から6掛けくらいでしょうか。

事故物件は客付けする際に事情を説明しなければいけません。今後、売買をしていく上でも、この事実は残ります。たとえ事故後30年経とうが、重要事項説明で言わなければいけません。ただし賃貸に関していえば、このあとすぐ入る人に関しては説明義務がありますが、その人が引っ越しすれば、次の入居者への説明義務はありません。

日本の自殺者数は年間3万人を超えています。

当社の管理物件ではまだ出ていませんが、5000室位管理している知人の不動産会社では、去年1年間で4人。およそ1000室に1件程度の割合で発生していると聞きました。

居室でなくても屋上やベランダ、外階段などの共用部での自殺もあります。中には屋上に全く関係のない人が勝手に入って、飛び降りをするケースもあります。

法的には規定されていませんが、建物管理会社の方針によっては共用部での事故も「重要事項にかかる調査報告書」に記載することがあります。この調査報告書は売買時に添付するため、重要事項説明書には記載されていなくても、見れば事故歴がわかってしまいます。

そういった意味では、建物全体で考えると居室数の多い大型物件ほど、事故物件になるリスクが高いと言えるかもしれません。

【滞納対策】入居者タイプに合わせた滞納保証会社

トラブル事例を見ると「もし、こんなことが起こったらどうしよう」と懸念されるでしょうが、実際には数が少なく、全体の1%もないとは思います。

とくに滞納対策については、滞納保証をする会社にお願いすることによりリスクヘッジができます。

保証会社は数多くあり、学生に強い保証会社など、それぞれに得手不得手があります。最近は高齢者専門を謳っている滞納保証会社も出てきています。

注目の保証会社といえば、外国人専門の会社です。保証のノウハウがあるのでしょう。中国・韓国、その他諸外国人に対応しています。

日本人の人口が減少していく中で、外国人入居者を無視することは今後難しくなってくると思います。こういった会社

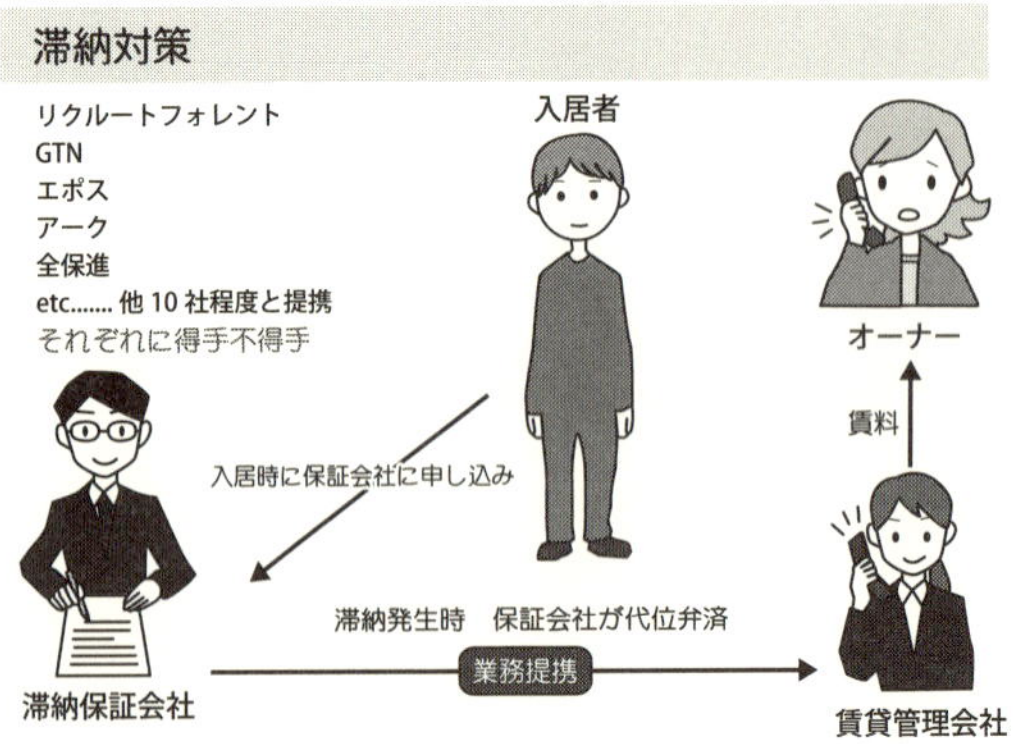

は積極的に活用していきたいところです。
入居者タイプだけでなく、入居者が退去して敷金で足りなかった場合、原状回復費まで保証してくれる会社もあり、契約内容もいろいろあります。

注意すべき点としては、こうした保証会社とは、提携を結んだ法人でないと契約ができません。つまり、大家さんが委託している賃貸管理会社がこの保証会社と業務提携を結んでいる必要があります。

多くの管理会社が、やり取りが煩雑になるという理由で提携保証会社は1社か2社です。一般的には大手の滞納保証会社になるでしょう。大手は保証金も高いですが、審査もしっかりしています。

しかし大事なことは、入居者によって、最適な保証会社を使い分けることだと思います。入居を申し込まれた方が提携保証会社の審査に落ちた場合は、通常「審査に落ちました。次の入居者を待ちましょう」で終わってしまいますが、保証会社の選択肢が多ければ、他の会社にも審査を依頼して入居を受け入れられる可能性が広がります。

少し手前味噌になりますが、当社は現在、18社の保証会社と提携しています。
オーナーチェンジ物件を管理委託された場合、入居者が既に契約している保証会社と新たに業務提携契約を結ばないと管理を引き継げないという事情があってのことなのですが、これだけの数の保証会社から最適な会社を選択できると言うことは客付の際の大きな強みになっています。

「保証会社があるから安心です」とはいっても、保証会社が倒産するリスクというのもありますが、そこはもう仕方がありません。保証会社が倒産したら、すぐに手を打って、我々が回収していくしかありません。

【孤独死対策】高齢者入居について考える

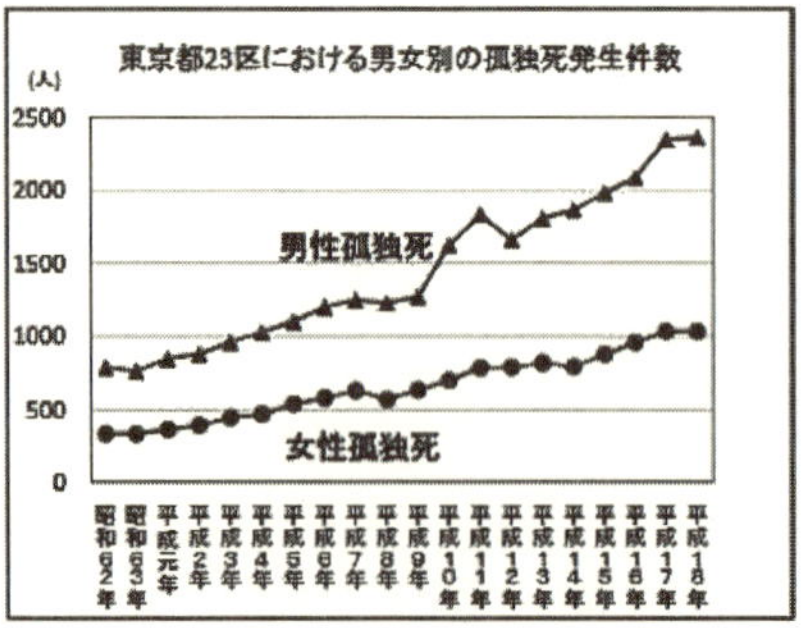

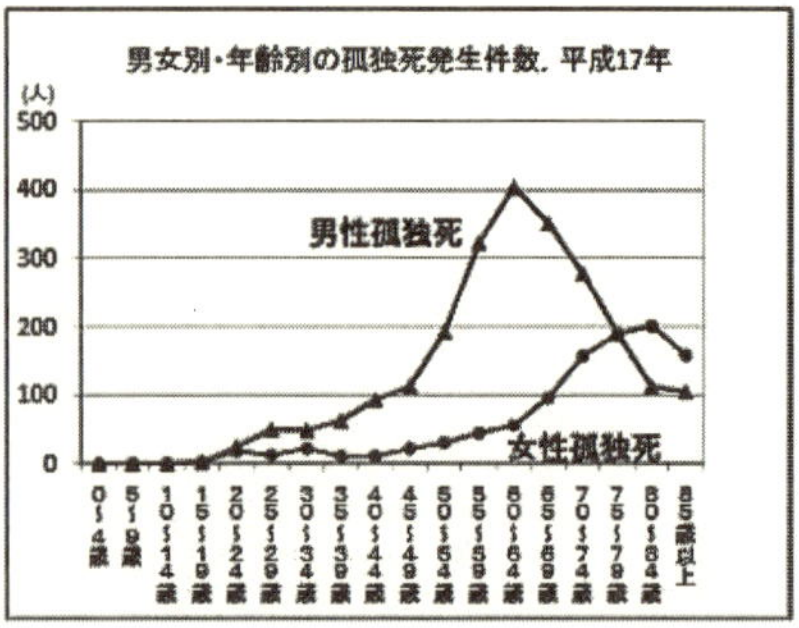

出所・東京都監督院「東京都 23 区内における孤独死の実態」

先述の人口動態にもありましたように、高齢者の単身者世帯が増えています。右ページのグラフは、「東京都23区内における孤独死の実態」という東京都監督義務院発行のデータ（http://www.fukushihoken.metro.tokyo.jp/kansatsu/kouza.files/19-kodokushinojittai.pdf）をもとに作成したものです。

上のグラフは，昭和62年から平成18年までの男女別の孤独死の発生件数を示しています。昭和62年には男性は７８８人、女性３３５人の方が孤独死されており，男女とも年々増加傾向にあります。とくに男性での伸び率が高く，平成18年では男性が２０００人を突破しています。

下のグラフは，平成17年における男女別と年齢階級別の孤独死の発生件数を示しています。男性では，45～49歳階級で孤独死の件数は１００人を越えて、その後、急激に上昇し60～64歳階級で４０４人となっており、それ以降の高齢者では孤独死件数は低下していきます。

少し古いデータなので、現在ではさらに高齢者世帯が増えて孤独死年齢も上がっているかもしれませんが、思ったより若くして亡くなっている方が多いという印象です。

やはり賃貸経営をしていくにおいて、高齢入居者と孤独死については、リスクとして考えておくべきでしょう。

家賃滞納対策のように、自殺や孤独死対策も行うことができます。

「自殺特約付き家財保険」といった保険商品があります。万一、居室中で入居者が亡くなった場合には、原状回復をする際の費用のみならず、発見が遅れて臭気がなかなか取れず、次の募集がすぐにできないという場合には、最大6ヶ月まで家賃保証をしてくれるという保険です。

通常入居者は、2年1万5000円くらいの家財保険に入ります。当社ではプラス500円を負担していただいて、この特約を付けています。

ただ、現在のところ、事故の発生による物件の資産価値の下落をヘッジする保険はありません。これはもう、ある程度仕方がないと思います。

たまにレインズで物件情報を見ていると「心理的瑕疵あり」や「告知事項あり」と右下の備考のところに書いてありますが、これは物件内での事故歴があるという意味です。

しかし自殺はともかく、高齢で亡くなった場合は、すぐに発見されれば自然死です。それがなかなか発見されないでいると事故になってしまいます。

それを防ぐためには、死後すぐに発見をするような対策を立てておく必要があるのです。保険以外の見守りサービスも数多く出ていますので検討しましょう。

コラム

ワンルームのライバル物件（サービス付き高齢者住宅・シェアハウス）

ご存知のように、すでに「部屋が空けば埋まる」という時代ではありません。ライバル物件は、近隣の似たような部屋、地主さん系の一棟系のマンション、アパートなど、たくさんあります。究極を言えば隣に空いている部屋がより魅力的であれば、その部屋が一番のライバルです。まず、多くのライバル物件の中から選ばれて入居者に入ってもらうこと。そして入居後はいかに長く住んでもらうかが大事です。

近年は、同じターゲットに新しい業態の賃貸住宅も登場しています。一つの大きな流れは、増加する単身高齢者向けの住居です。サービス付き高齢者住宅というのも、ワンルームと同じターゲットに入ってくると思います。

私は高齢者専門住宅情報も研究しているのですが、こちらも作れば埋まる時代は既に過ぎてしまったようで、どんなコンセプトで、どんなサービスを提供するのか。ソフトのところをしっかりやっていかないと、入居者が集まらない状況です。

また、近年急速に普及したシェアハウスも、ワンルームのライバルになってくるでしょう。話題になっていた、二段ベッドを並べてカプセルホテルのようにしている明らかな脱法ハウスは論外ですが、グレーゾーンのシェアハウスも数多く存在します。

まだ新しい市場なので、物件や管理者も玉石混交状態で、中には賃貸借契約さえきちんと結ばれていない物件もあります。

現在のところは寄宿舎としての建築基準法をきちんと満たしているものであれば運営上の問題はありませんが、法の整備途上で試行錯誤の段階にあるので、安易な参入には注意が必要です。

3

「ぎ」銀行の効率的な利用方法

ぎ　銀行の効率的な利用方法

●区分に融資をする銀行の種類と各諸条件

第3章は銀行融資の「ぎ」です。

セミナーではすべて実名でお話していますが、ここでは一部匿名にてご紹介します。世の中にはたくさんの銀行がありますが、当社の取引のある銀行で、ワンルームマンション購入時に使える金融機関です。また、融資条件はつねに変動していきますので、あくまで参考情報としてください。

注意点としては、同じ金融機関でも支店によって若干温度差があることです。担当者の取り組み方も変わりますし、例えばS銀行では横浜支店と新宿支店で評価の出し方が違います。まずは銀行別に説明します。

R銀行・・・金利が低く1・6～1・7%（変動）で出している場合があります。ただし頭金が3

割程度必要だったり、物件価格が1000万円以上でなければならないなど、他の制約もあります。

O銀行・・・築年数が浅く広い物件で、価格1000万円～1500万円であることが条件。金利は2・4％程度（変動）で、築浅なら長期可能。

日本政策金融公庫・・政府系金融機関で融資の上限金額が決まっています。全期固定での融資が受けられ、期間は10年から20年程度で金利2％台。一括返済に対する違約金はありませんが、繰り上げ返済は受け付けていません。

S銀行・・韓国系の金融機関。RC造のマンションに対して、法定耐用年数（47年）＋10年－築年数と、融資期間が長いのが特徴。融資金額は物件評価額の9割です。金利は3・175％程度（変動）ですが、長期融資のためキャッシュフローが見込めます。S銀行の注意点としては、解約時に残債の2％の違約金が必要です。

ノンバンクでいうと、「S」が4％程度。固定10～15年。S銀行や政策金融公庫が融資をしなかった時期には、このノンバンクの「S」から4％台でも融資を受けていました。それでも、それを上回るだけの利回りがあった時代でした。

区分投資に限らず、不動産投資全般の相場が値上がり、利回りがとりにくいと言われている現状ですが、融資に限っては選択肢もあり恵まれていると感じます。

だから、「どんな投資スタンスでいくか？」という最初の話に戻るのですが、自分のスタンスを考えて、融資を上手く使い分けることが大切です。

●政策金融公庫を使った区分投資テクニック

ここでは、日本政策金融公庫を使った投資の進め方を紹介します。金額が安いため、キャッシュ購入をされる投資家も多い区分投資ですが、すべてキャッシュを使うとなると、貯金する必要もあり時間が必要です。

日本政策金融公庫を使うことにより、金利変動リスクを排除として、倍速でゴールへ向かっていくことができます。

日本政策金融公庫の大きなメリットは、全期固定でフルローンがでることです。また融資手数料も安く、一括返済をしても違約金が発生しません。これは売却を考えるときに有利です。

一方デメリットをいうと、融資期間が一般的に10～20年で、あまり長く取れないということです。収入である家賃に対する返済比率が高くなり、月々の持ち出しはなくてもキャッシュフローが少なくなります。ある程度の利回りがあれば、月々の手出しはないでしょうが、ローンが終わるまでは、あまり現金が残りません。

また入居者の入れ替え時の原状回復工事や、古くなった設備の入れ替えがあれば、キャッシュフロー以上の経費がかかってしまいます。

そのため本業や別の投資である程度、キャッシュに余裕のある人でないと向いていません。

逆に投資家対談（P177～）のmakotoさんのように、20代の独身から不動産投資をはじめているような方にはぴったりです。

お金を使うことなく10年後にキャッシュを生み出す物件が手に入るのです。先述したように途中で売却も可能です。貯金もしてないのに、貯金をしている感覚でしょうか。

やり方にコツがありますが、この政策金融公庫を使ってキャッシュを使わずして何戸も買い進めていく投資法を実践されて、区分マンションを10戸買い進めている投資家さんもいます。

公庫では担保価値とプラス個人の信用枠の半々くらいで評価されます。個人の信用枠も50％は見るので、他の金融機関でもいえることですが、サラリーマン等の本業があった方が有利です。

政策金融公庫は個人の信用枠があれば、基本的に事業用融資です。「投資」という言葉は受け付けません。

●金融機関へは紹介でアポを取っていく

政策金融公庫で融資が出ているからといって、どこの支店のどこの担当者でも可能なわけではありません。これは他の金融機関でも言えることですが、担当者によって不動産に強い人、知識のない人もいます。

また、その時々の銀行本体や支店長の方針によっても条件が変わってきます。

融資の実績のある支店の理解ある担当者から話を進めるべきです。

本書に限らず、不動産投資指南本を読んで、いきなり融資の相談に飛び込んで挫折している人が多くいますが、できれば不動産投資の先輩から紹介を受けて、アポを取ってから金融機関に行くのが早道でしょう。

顧客からの紹介であれば、担当者も邪険には扱いません。割安な物件の買付ではスピードが求められますが、紹介を利用した融資では、審査のスピードも速くなります。

●融資と自己資資金回収率

銀行融資と自己資金の回収率についてお話したいと思います。

物件価格1000万円で、年間家賃が100万円であれば、表面利回りで10％になります（諸費用や管理コストは割愛しています）。

これを例えば2人で買うとします。友人同士で「半分ずつ出しましょう！」と50％の共有名義にすれば、物件価格は半分の500万円。当然ながら、年間に入ってくる100万円の家賃に関しては50万円ずつです。一般的には折半、ワリカンのような感覚です。

銀行からお金を借りて不動産を買うというのも、ある意味で銀行と一緒にお金を出して買うということです。

ただし、この割合が変わります。自己資金を抑えたい場合で考えますと、S銀行であれば物件評価額の90％の融資が出るので、物件価格がそのまま評価金額として出れば、自己資金は1割ですみます。

1000万円の物件で、銀行が900万円を出す、自分が100万円を出す。しかし、9割の出資をしているから家賃の9割をとっていくかというと、そうではありません。

銀行は月々の元金返済と利息分までしか取りませんので、銀行に月々の返済をして余った部分が、自分の取り分に上乗せされるわけです。

この上乗せ部分が多ければ、自己資金に対しての回収率が高いということになります。これを比較する必要があるのです。

●銀行利回りと物件利回りを比べてみる

では、どのように考えればよいのでしょうか。

価格1000万円で利回りが10％の物件があるとします。銀行が900万円を出して90万円を回収した場合、つまり銀行が物件の共有大家さんであった場合は、銀行にとっても利回り10％になります。

実際には、100％の家賃が自分に入り、返済という名目で銀行に支払います。つまり、間接的にはなりますが、銀行もこの家賃を取っているわけです。

この「銀行も不動産投資をしている」という考え方でいくと、90万円の取り分を得た銀行の利回りは10％ですが、期間と金利によっては取り分が変動して銀行利回りも変わります。

期間中の金利設定で「45万円の返済」となった場合は、銀行の利回りは5％です。ここを比較して、物件の利回りが高ければ、レバレッジが有効に効いているという判断になります。

この数字は物件の利回りと金利と期間で全部計算することができます。ここでは計算法ではなく、考え方を紹介しています。次の第4章の収支計算で、実際に計算を行いますので参考にしてください。

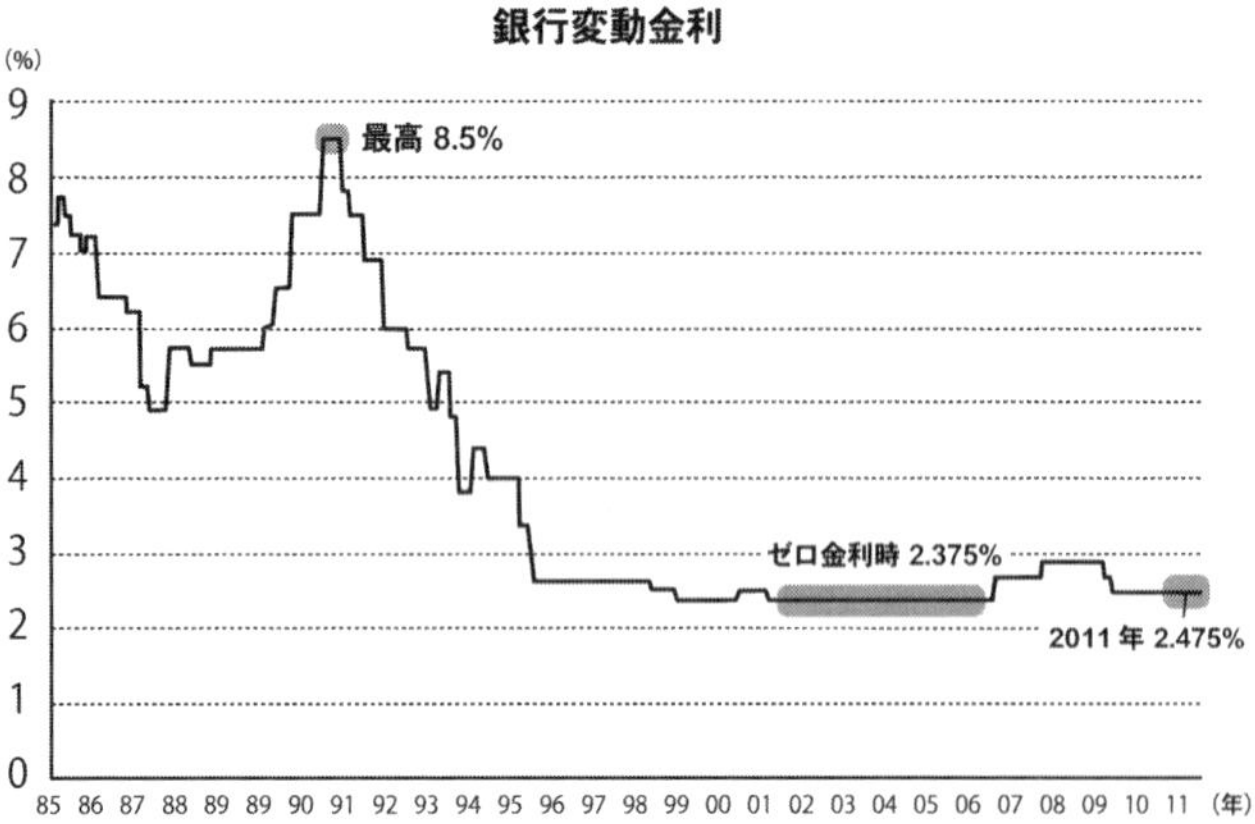

●現在の低金利時代をしっかり利用する

次の表は一般的な銀行の変動金利型の基準金利（店頭金利）の推移です。住宅ローンなので不動産投資用のローンとは違いますが、大きな動きとして参考になります。

バブル時代といえば、キャピタルゲインを狙った区分投資が盛んでした。当時はほぼ無条件で１００％融資が受けられたようですが、金利は６〜15％で、表面利回りは４％以下と、今では考えられない投資でした。

住宅ローン金利もバブル時代のピークである１９９０年には、８・５％になりました。実際には店頭金利より１％から２％弱の金利優遇を受けられますが、それでも今のノンバンク以上の金利です。

バブル時代の金利や不動産投資は特殊として、ゼロ金利政策時代を含めても、過去20年間の変動金利の平均は4％近くになります。

そして、この数年間に基準金利が2・5％を下回っているのは、かなり低い金利であることがわかります。まさに未曾有の低金利時代です。

今後のことを考えれば、将来的に金利は上昇していくでしょう。とはいえ、急に上昇するかといえば、その可能性は少ないと思います。景気回復してデフレ脱却が実現しなければ、なかなか難しいのではないでしょうか。

いずれにせよ、今の低金利をチャンスと考えて、しっかり利用していくことをおすすめします。

4

「り」利回りの分析

表面利回りからＩＲＲまでの計算や比較方法

り　利回りの分析

表面利回りからIRRまでの計算や比較方法

●NOI利回りをご存じですか？

利回りにはいくつかの種類があります。収益不動産サイトの「健美家」や「楽待」などで見かける利回りは、「表面利回り」です。

家賃から管理費、修繕積立費など運営コストを引いて計算した利回りを「実質利回り」（NET利回り）といいます。

運営コストには建物管理会社への管理費だけでなく、賃貸管理会社への管理費や固定資産税なども含まれます。

表面利回り

満室家賃×12÷売買価格

実質利回り（NET利回り）

満室家賃ー経費（管理費・修繕積立費）÷売買価格

この二つが代表的な利回りですが、他にも多数の利回りの計算方法があります。

本書で皆さんに紹介したいのはＮＯＩ利回りです。ＮＯＩ利回りの「ＮＯＩ（Net Operating Income）」は営業純利益です。

満室賃料から「空室損」「運営費」などのコストを差し引き「雑収入」を加えた、正味の収入のことをいいます。

つまり、まず考えられるコストをすべて引きます。ワンルームでいえば、建物の管理費、修繕積立費、賃貸の管理費、固定資産税、空室率、広告費、原状回復費、保険代。一棟物件では共用部分の公共光熱費や清掃費などです。そして自販機や看板などで収入があれば、雑収入としてそれら全てを加えます。

この満室想定賃料に対するＮＯＩの割合を「ＮＯＩ率」と呼びます。

アメリカでは、このNOI率が州ごとエリアごとで調査されて発表されています。日本も後追いで、アイレム・ジャパン（IREM JAPAN 全米不動産管理協会日本支部）により、2012年から「全国賃貸住宅NOI率調査」が始まりました。

アイレム（全米不動産管理協会）はアメリカの不動産経営管理士育成を目的とした機関で、アイレム・ジャパンはその日本支部です。

不動産管理の教育制度を日本へ導入することを目的として設立されましたが、現在は加盟する不動産会社の協力により「全国賃貸住宅NOI率調査」を行っています。

この調査が広く行われることによって、投資家は机上の計算ではない、実際のNOI率を知ることができます。

日本ではまだ歴史は浅いのですが、NOI率調査が定着すればNOI利回りの算出が簡単にできるようになります。

NOI利回り

表面利回り×NOI率＝NOI利回り

2014年2月22日、ホームズが主催した不動産投資フェアにて、アイレム・ジャパンから第

２回目のＮＯＩ率結果発表が行われました。

実際入ってくるキャッシュフローまでを調査してうえで、エリア別に集計しています。また入居者は単身者であるのかファミリーであるのか、建物ごとの構造もデータにとります。

空室率に関しては「全体のうちの何戸が空室か？」という計算ではなく、一年間で「何戸が何日空室であったか」という本当の意味での正確な空室率が反映されています。

当社もデータ提供で協力させて頂いています。今後、全国賃貸住宅ＮＯＩ率調査は投資をしていくうえで、重要な指標になると考えています。

●ＮＯＩ（営業純利益）からＩＲＲ（内部収益率）の試算

それでは、実際に当社で扱っている物件（数字などは一部変更しています）を例として、利回り計算を行っていきましょう。この計算式では最終的に売却後のＩＲＲまでを試算します。

ＩＲＲ（International Rate of Return）とは日本語で内部収益率といった言い方をします。投資プロジェクトの評価指標のひとつで、投資に対する将来のキャッシュフローの現在価値（ＮＰＶ）と投資額がちょうど等しくなるように計算した複利割引率のことです。

言葉で説明してもわかりにくいので、実際に計算しながら説明します（詳細についてはＰ82〜をご参照ください）。

分譲マンション「M」
価格550万円
現在、月額6万5000円で賃貸中
所在地：横浜市●●
交通：JR根岸線「関内」駅徒歩5分
構造：RC造10階建て7階部分
専有面積：16.81㎡
築年数：昭和62年（築27年）
管理費：月額4830円
修繕費：月額3930円

⑴　NOI利回りの計算

まず満室家賃から、空室率と賃貸経営に関するコストすべてを差引きます。その金額（年間キャッシュフロー）を物件取得費で割ったものがNOI利回りです。

キャッシュ購入時の目安は「NOI利回り6％」と言われています。

キャッシュフローの計算（満室家賃から空室率と経費差引）

家賃6万5000円×12か月＝78万円
△空室率5%＝3万9000円
△管理費＋積立金＝8760円×12か月＝10万5120円
△賃貸管理3240×12＝3万8880円
△固定資産税　3500×12＝4万2000円

55万5000円

キャッシュフローから入居募集に関わる経費を差引

△原状回復費用（2年に1回入れ替わって10万円かかるとして）
　年間5万円
△広告費（2年毎1回入れ替わって6万5000円出すとして）
　年間3万2500円

47万2500円（キャッシュフロー）

物件取得額の計算（売価＋諸費用）

売価550万円
消費税8%（2014年4月現在）
仲介手数料24万3000円（3%＋6万円）×1.08
不動産取得税10万円、
登記費用（登録免許税含む）・抵当権設定、15万円程度
（諸費用はおおよそ売価の8%程度）

599万3000円（物件取得額）

NOI利回りの計算

年間キャッシュフロー47万2500円÷物件取得額599万3000円
＝7.8%（NOI利回り）
※キャッシュ購入の場合の目安はNOI利回り6%

(2) 銀行ローンを使用した場合

銀行ローン使用時の計算です。ここでは比較的、ローン期間が長く不動産投資に強い、韓国系のS銀行から借りると想定します。

S銀行では融資期間を法定耐用年数(47年)に加えて10年が基準となりますから、57年から築年数を引いたものがローン期間です。

またS銀行は物件評価額の9割の融資基準ということから、490万円を借入金額とします。

物件取得費から借入金額を差し引いた100万円程度が自己資金となり、これを年間キャッシュフローで割ると、おおよそ5年で回収と見ます。

銀行ローンを使用した場合の計算

S 銀行の条件
金利 3.1%
期間 30 年

ローン期間の計算

57 年（法定耐用年数 47 年＋ 10 年）－築年数 27 年
＝ローン期間 30 年

借入金額　490 万円（物件評価の 9 割）

返済額の計算

月々 2 万 923 円返済× 12 か月＝年間返済 25 万 1085 円

銀行返済後のキャッシュフローの計算

年間キャッシュフロー 47 万 2500 円－年間返済 25 万 1085 円
＝返済後キャッシュフロー 22 万 1415 円

自己資金の計算

物件取得額 599 万 3000 円－融資額 490 万円
＝自己資金 109 万 3000 円

自己資金利回りの計算

返済後キャッシュフロー 22 万 1415 円÷自己資金 109 万 3000 円
＝ 20%（自己資金利回り）

（3）この物件を10年後に売却した場合

10年後に1割減の495万円で売却したとします。

10 年後の手残り金額の計算

10 年後 495 万円で売却（10%減）
売却費用 5%
手取り金額　471 万円（税引前）
10 年後残債　373 万 8952 円

手取り金額 471 万ー残債 373 万 8952 円
＝手残り 97 万 1049 円

ＩＲＲの計算

$$C_0+\frac{C_1}{(1+r)^1}+\frac{C_2}{(1+r)^2}+\frac{C_3}{(1+r)^3}+\dots+\frac{C_n}{(1+r)^n}=0$$

※ IRR はエクセルのマクロを利用するか、
金融電卓を使用して算出します。

IRR 21%

■IRR表

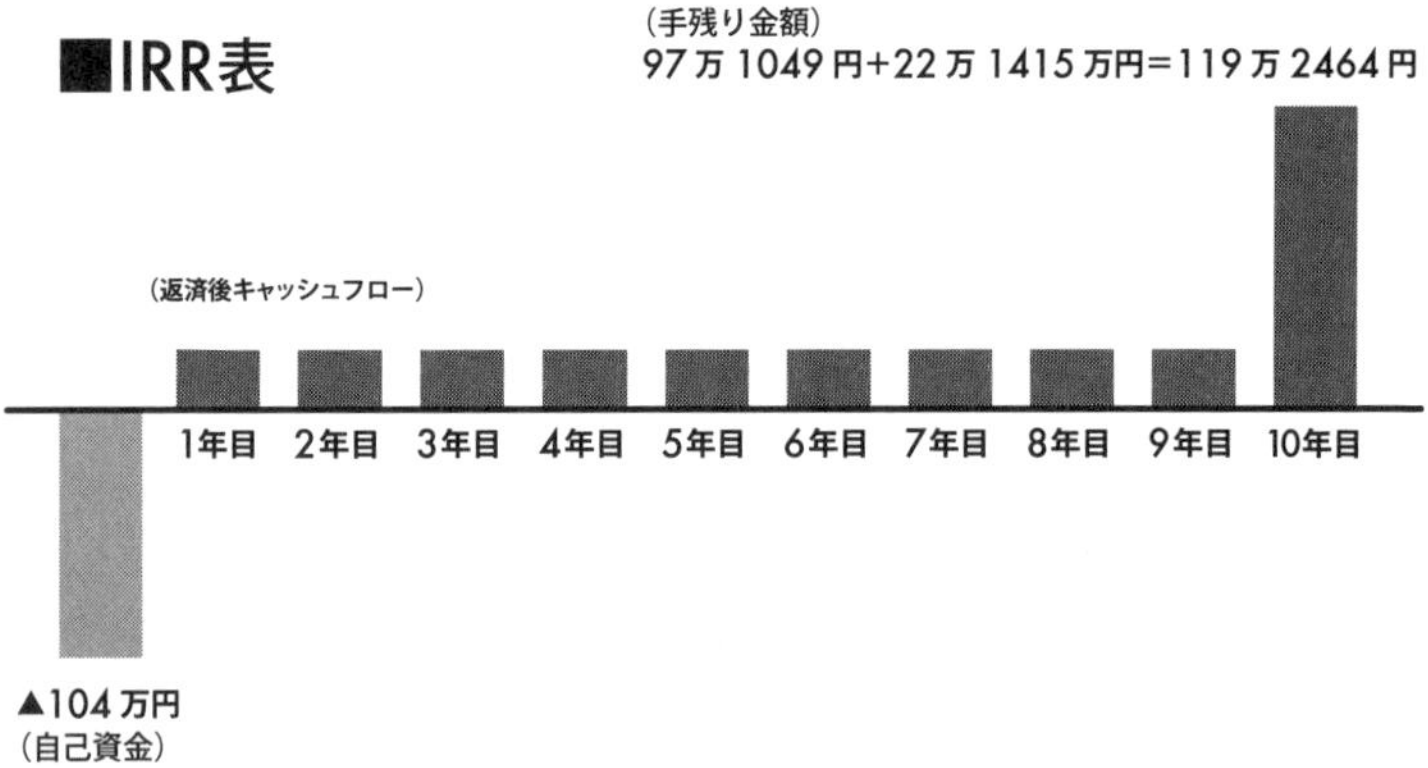

この結果から判断できることは、約１００万円の自己資金でワンルーム区分を購入した結果として10年で３００万円、３倍になってかえってくるイメージです。

通常の指標としては2倍前後の物件が多いです。したがってＭマンションは比較的にＩＲＲの良い物件といえます。

ＩＲＲは他の投資でも使われる指標ですが、不動産投資に取り入れることにより、長期間での収益率を把握することが可能です。

利回りで短期的に考える投資家が多いですが、５年10年と売却まで見据えたうえで、トータルの収益で考えることをおすすめします。

●ＩＲＲ（内部収益率・Internal Rate of Return）法とは？

前項の計算で使用した指標、ＩＲＲについて、もう少し詳しくご説明します。ＩＲＲ法とは、投資によって得られると見込まれる利回りと、本来得るべき利回りを比較し、その大小により判断する手法のことです。ＩＲＲとは、投資プロジェクトの正味現在価値（ＮＰＶ）がゼロとなる割引率のことをいいます。

現在価値（ＰＶ：Present Value）とは、将来の収入または支出を、ある割引率で複利計算により現在の価値に換算した値です。割引率を複利計算するので、将来の価値をA、割引率をｒ、期間をｎとすると、

$$P（現在価値）=A／（1+r）^{n}$$

となります。

例えば、12ヶ月後の１００万円を、12％の割引率（年）で、月を期間の単位として考えてみましょう。ｒは月利に直すと12％÷12で１％なので、数値に直すと０・０１となり、12ヶ月後の

１００万円は、現在の価値では

$$P = 100万円／(1 + 0.01)^{12} = 88万7449円$$

となります。

将来のすべてのキャッシュフローを現在価値に割り引いて、収入現価から支出現価を差し引きした結果を**正味現在価値**（ＮＰＶ：Net Present Value）といいます。

内部収益率（ＩＲＲ）とは、この正味現在価値が０となる割引率のことで、何％で投資を行ったかということを示し、投資効率を判断する基準となるものです。

例えば１００万円の投資で、60万円が半年ごとに収入としてあるとすれば、半年複利を考える場合、１００万円＝60万円の半年割引したもの＋60万円の半年割引をさらに半年割引したものとなる割引率となります。

$$100万円 = 60万円／(1 + r) + 60万円／(1 + r)^{2}$$

となるｒを計算すると、

1回目の60万円の現在価値＝60万円／（1＋0.13066）
＝53万662円・・・・①

2回目の60万円の現在価値＝60万円／$(1+0.13066)^2$
＝46万9337円・・・②

①＋②≒１００万円となりますから、ｒ≒１３・０６６３％ということがわかります。これは半年の利率ですから、年利に直すことにより内部収益率は約26・14％（13・０６６３×２）となります。

なお、ここでｒ＝内部収益率自体は利率を表し、割引債などでいう割引率は

1－1／（1＋r）

であることに注意してください。

利回りとの関係

上記のケースでは、ｒに対応する利率および利回りでいえば、1年間で１００万円の投資に対して20万円（60万円×２－１００万円）の利益ですから、26・14％にたいして20％となります。これは、1年を期間として現在価値計算を行う、以下の場合と同じです。

120万円の現在価値＝120万円／（1＋0.20）＝100万円

6カ月後に60万が収入となる価値（現在に近い方が価値が高い）が反映されないため、1年後に１２０万円の収入を得た場合と同じになりますから、低い利率となります。

簡単に言うと、初期投資額・保有機関・売却出口まで全て踏まえた上で、尚貨幣の時間的価値までも考慮した上で、どの程度のパフォーマンスを発揮することが出来たかの指標となります。

一般的な表面利回りや、実質利回りというのは日本独特の指標であり、言わば瞬間的なパフォーマンスしか見えないことになります。瞬間をキャッチする写真のようなものです。

それに対し、ＩＲＲとは初めから終わりまでの全てを組み込んで判断する指標なので、写真に対して動画と言えるでしょう。

ファンドなどで物件取得の際に考慮する指標としては当然のものとなっており、グローバルスタンダードと言えるでしょう。

ＩＲＲを用いて投資判断をすることにより、そのお金を他の金融商品に投下した場合との比較が容易に出来ることになります。

また、購入当初や保有期間中に利回りが低い物件であっても、出口をとることにより算出されたＩＲＲを比較し、投資として有望なケースもあることでしょう。

ＩＲＲの値は、高ければ高いほど投資効率が良いといえます。いくつ以上であれば投資適格かという判断は人それぞれですが、当社では経験則上から、「ＩＲＲ17％」を一つの投資判断の目安にしています。

求め方は通常の電卓や日本製の金融電卓では対応しづらいので、アメリカのヒューレット・パッカード社の「ＨＰ１０ｂⅡ」の電卓があると便利です。

必要な項目としては、

① 初期投資額

② 年度毎の手残りキャッシュフロー（ＮＯＩから銀行への支払い額を差し引いた額）

③　売却年度のキャッシュ（売却手取り金額とその年度のキャッシュフローを加算したもの）

④　保有期間

この４つを入力することにより、上記電卓を使用して数字を算出することが可能です。

なお、当社のセミナーでもＩＲＲを使った利回り計算について解説しておりますので、ご興味をお持ちの方はぜひご参加ください。

●貨幣の時間的価値と6つの係数

私は前著「ワンルームマンションは8年で売りなさい」で提唱したように、買った物件を何十年にも渡って所有し続けるのではなく、区切りをつけて売却した方がよいと考えています。

そのために投資家が「数年にわたる投資期間を、どのように考えていけばよいのか？」という部分への参考のため、貨幣の時間的価値と6つの係数を説明したいと思います。

まず「貨幣の時間的価値」ですが、現在の貨幣金額の価値と将来の同金額の価値で比べた場合は、現在の貨幣金額の価値の方が大きいと考えます。

現在の貨幣金額の価値＞将来の同金額の価値

単純に説明しますと「今日もらえる1万円と1年後にもらえる1万円、どちらの価値が高いか？」という話です。

今日もらえる1万円を貯金するなり、投資にまわすなりすれば、その金利分だけ価値が増えます。この将来の価値を、現在の価値に合わせる計算を「割引計算」といいます。要は「1年後の

1万円は、現在価値にするといくらであるのか?」という計算です。

逆に現在の価値を、将来の価値に合わせる計算を複利計算といいます。「今の1万円は1年後にいくらの価値になるのか?」という計算です。この計算は利回り8%で運用するのか、10%で運用するのか、その数字によって答えは変わります。

いずれにせよ、同じ金額であれば、現在の貨幣価値の方が大きいという考え方です。

「6つの係数」はFP技能士試験の教科書にも出ており、FPの勉強をされた方にとっては、なじみのある言葉ですが、一般の方ですと初耳ということも多いと思います。

具体的には「終価係数」「現価係数」「年金終価係数」「減債基金係数」「年金現価係数」「資本回収係数」です。

一見、難しそうですが、それぞれ貯金額から投資額、年金、保険、ローン計算など、資産運用の計算に役立ちます。簡単にまとめましたので、参考にしてください。

6つの係数

【終価係数】複利運用の基本。現在の資金を複利運用すると、将来いくらになるかを計算できます。

【現価係数】目標金額から複利運用を逆算する計算。将来の目標金額を複利運用で得るために現在必要な額を求める計算式です。

【年金終価係数】複利運用しながら、毎月一定額を積み立てると将来いくらになるかを計算。生命保険などで貯める金額を計算するときに使います。

【年金現価係数】複利運用しながら、一定の年金を受け取るために現在必要な額を求める計算。

【減債基金係数】目標金額を達成するために、一定額を積み立てる場合の積立額を求める計算。退職時までに目標額を貯めるために毎年の運用額を決める時などに使います。

【資本回収係数】現在の資金を複利運用しながら、取り崩すときの受取額を求める計算。ローンの元利金均等法返済の返済額計算にも使用できます。

●高利回り物件を手に入れるために知っておくこと
〜業界のズレを利用した購入方法〜

ここまで、利回りを分析する指標や係数についてご説明してきましたが、不動産投資で利回りを高める一番簡単で確実な方法は、「安く買う」こと。単純ですが、これにつきます。

当社は中古ワンルームマンション専門業者として、日々ワンルームの売り物件を探しています。ブツ上げといわれる仕入れ業務では、大家さんに直接お電話をして売っていただいたり、他の業者から買取したりと、様々なルートから少しでも安く買える物件を探しています。

そんな日々の業務から培った、一般の方でも簡単にできる「物件を安く買う、業界のズレを利用した購入方法」を紹介します。

●収益不動産専門業者は少数派

不動産投資が流行する中で、収益不動産を扱う不動産業者の数も増えています。基本的に一棟、区分も合わせて総合的に取り扱う業者が多く、当社のように中古ワンルーム専門業者はごく少数派です。

不動産業界全体を見渡した中で、もっとも多い不動産業者といえば、実需＝マイホームです。東京・神奈川の首都圏でみても、ワンルームマンションなどの投資物件を扱う収益不動産専門業者は、登録している不動産業者の内の、1％から多めに見ても全体の6％くらいではないかと思います。


収益不動産の売却理由の多くは資産整理で、次いで相続です。年老いたお父様が亡くなって、「相続のために売る」とか、「相続税の支払いができないから売る」等のケースです。

三番目が任意売却や競売です。こちらは資金繰りが厳しくなった結果、ローン返済ができなくなって物件を手放すケースです。

データをとったわけではありませんが、経験上の肌感覚でいうと資産整理8：相続1：任意売却・競売1くらいの感じでいます。

物件を持つ売主さんからすれば、この会社は収益不動産に強いとか、そんなことは関係ありません。「不動産業を売る！」となれば、やはり**財閥系大手仲介業者**や、すでに付き合いのある会社、家から近い会社、職場から近い会社など、身近な**地場の業者**に相談に行くことが多いでしょう。

つまり投資家に対する販売窓口は、ごくわずかな収益不動産専門業者であることが多いのですが、投資物件の売主側の業者は、多くが専門業者ではないのです。

財閥系大手仲介業者

一番情報が集まりやすいのが、財閥系の大手仲介業者です。情報は多いのですが取扱い物件のほとんどがマイホームなので、中古ワンルームマンションを買いたいと依頼しても、積極的に良い物件情報を探してもらえる可能性は低いといえます。

なぜかというと、仕事として見た場合、単純に割が合わないからです。

大手仲介業者の営業マンに課せられるノルマの平均値は２００万円～４００万円といわれています。もしマイホーム用の広めの中古マンションを７０００万円程度で売れれば、この仲介手数料が3％＋6万円、つまり２１６万円が仲介手数料として入ります。

一方、同じ手間をかけて７００万円の中古ワンルームマンションを売っても、売買手数料は10分の1の27万円にしかなりません。

とはいえ、大手仲介業者は、周辺の大家さんから収益物件の売却委託を受ける機会もけっこうあります。

近くに住んでいる大家さんから「そろそろ歳だから７００万円ぐらいで、区分マンションを売ろうかな？」と相談をされたときには、彼らはもっとも速やかに購入する、手間のかからない買主を探します。

それが当社のような買取業者です（当社は基本的に仲介がメインですが、大手仲介会社に対しては買取ります！という姿勢でお付き合いをしております）。そして買取業者からエンドユーザーである投資家に販売されます。

買取業者は転売で利益を出さないと商売になりません。在庫リスクもありますから7掛けで490万円が購入希望額です。700万円が490万円になるわけですから、売主さんによっては「それではイヤだ」という人もいるでしょう。だいたい次の3つの反応があります。

・絶対に下げない人
・そこまで下げない人
・それでもいいという人

お買い得物件はこのように仕入れる！

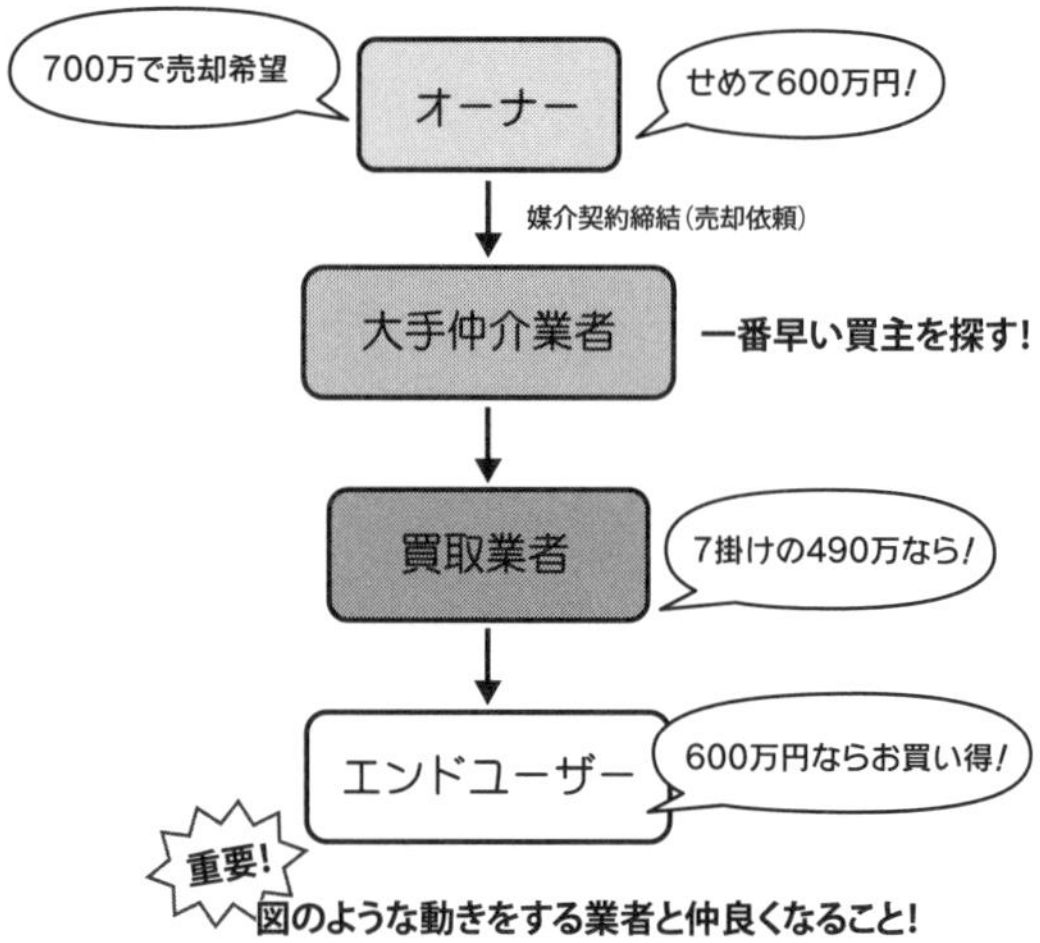
700万で売却希望
オーナー
せめて600万円！
媒介契約締結（売却依頼）
大手仲介業者
一番早い買主を探す！
買取業者
7掛けの490万なら！
エンドユーザー
600万円ならお買い得！
重要！
図のような動きをする業者と仲良くなること！

やはり、そこまで下げないという売主が多く、「せめて６００万円！」と抵抗したとします。彼らは早くまとめた方が数字になるので、頑張って売主に交渉はしてくれますが、価格が折り合わず話が流れる事もあります。

そんな時に、皆さんのようなエンドユーザーの方が「６００万円で買う」と手を挙げれば、相場からいうと割安で買えることになります。

タイミングと運の問題ですが、日ごろから大手業者とのパイプを持つ専門業者に、「投資物件を買いたい」とアピールしておくのも一つの方法です。

地場の業者

地場の業者さんとは、駅前でおじいさんが何十年も営業しているような地域密着型のお店です。昔ながらの付き合いがあるとか、近所だからということで、「不動産については、まず地場の業者に相談する」という売主さんは多いものです。特に高齢の大家さんにその傾向が強いようです。

地場の業者さんは、普段は投資物件の販売に携わっていないため、相場観に大きなズレがあります。売却を受けても、「狭いワンルームだから、大体３００万円くらいかな」という感覚で、相場を無視した値付けをしてしまうこともあります。そこを見つけて安く購入します。

実際にあった話ですが、このような地場の業者さんが、50平米のちょっと古い物件を300万円で売り出していたことがあります。当社のお客様が購入して200万円かけてリフォームした後、800万円程度で売却しました。

一言で不動産業者といっても、専門外の分野の相場観はわからないものです。

私でいえば、売テナントの情報が入ってきても、「適正価格なのか、お買い得なのか」を正確に判断することはできません。それと同じです。

●相場観のズレを狙う

ここ1年くらいで大きく相場観が変わってきています。相場観は景気動向にも左右されます。市場を常に見ていなければ、その温度差というのは、わからないものです。そこを利用していきましょう。

具体的に皆さんが実践できることは、投資物件が集まる不動産情報サイトではなくて、「アットホーム」や「ヤフー不動産」など、**実需向けの不動産情報サイトをチェックすること**です。

一般の実需向け不動産サイトだけと契約している不動産業者は多いです。そこに、たまにですが希少な情報があります。

中には首都圏の物件を地方の業者が出していることがあります。新築ワンルームを地方の資産家が投資として購入して、何十年経過した後に「そろそろ売ろうかな」と地場の業者に相談する・というパターンです。

その地場の業者が売りに出した東京の物件が、「ヤフー不動産」に掲載されているケースがあります。その場合、やはり東京の相場観とは少しズレた、値ごろ感のある価格になっている事があります。割安物件発掘の手段として、こまめにチェックしてみると良いのではないでしょうか。

●出口を考えるために知っておくこと

私はつねに売却という出口を想定しておくべきだと思っています。売却する期間を8年から10年後に設定するのをお勧めしています。

出口ありきで不動産投資を考えた場合「いくらで売るか？」を想定するところが大切です。そのためにはマーケットを知る必要があります。

資料は１９９１年から２０１３年までの22年間の新築と中古マンションの推移です。東京カンテイのデータを基にして当社でグラフにまとめました。

■新築と中古マンションの推移表

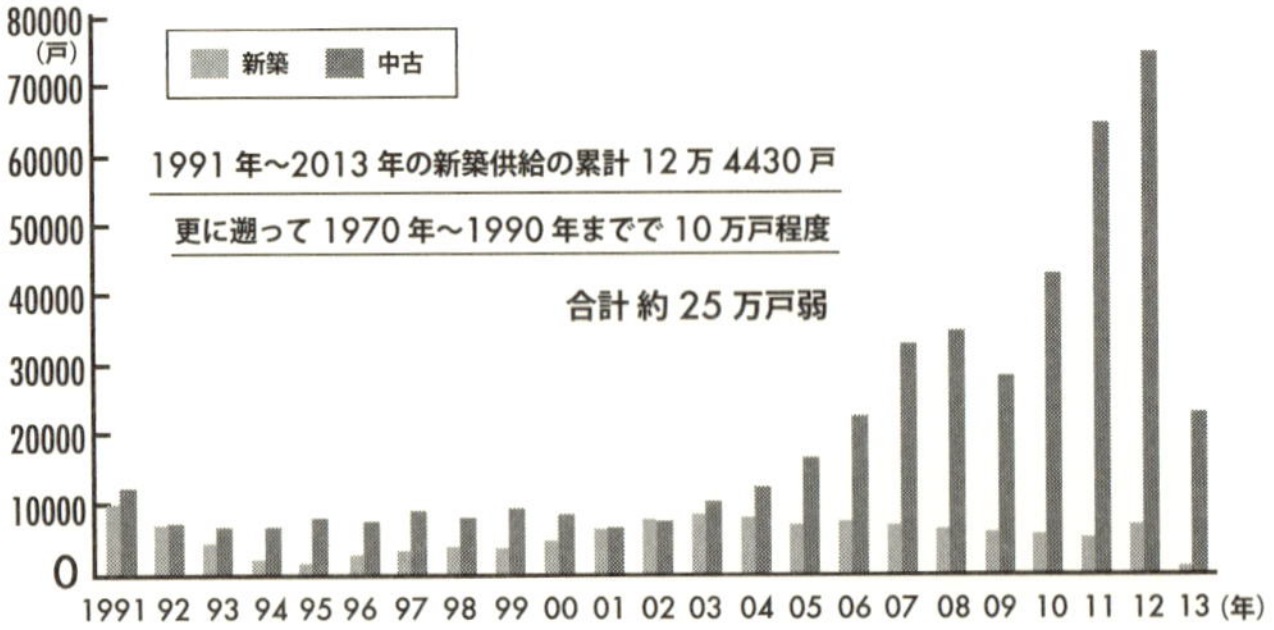

出所・東京カンテイの資料を元にきらめき不動産で作成

短い方が新築供給です。マーケットに存在する絶対数、新築全てを足していくと22年間で約12万戸が建設されていました。

マンションの歴史をさかのぼりますと、戦後の住宅難対策として建てられた同潤会アパートのような古い物件を除いて、いわゆる一般の方向けに発売されてきたのが、1970年代の初めくらいからと言われています。

1969年築のライオンズマンション赤坂が第1号と言われています。そこから30平米以下のマンションの流通量が、20年間でおおよそ10万戸。ファミリータイプまで入れると5倍程度と言われています。

コンパクトタイプに関しては、現状で供給されている数は25万戸前後と言われています。

■首都圏中古ワンルームの築年別流通事例分布（2010年1～9月）

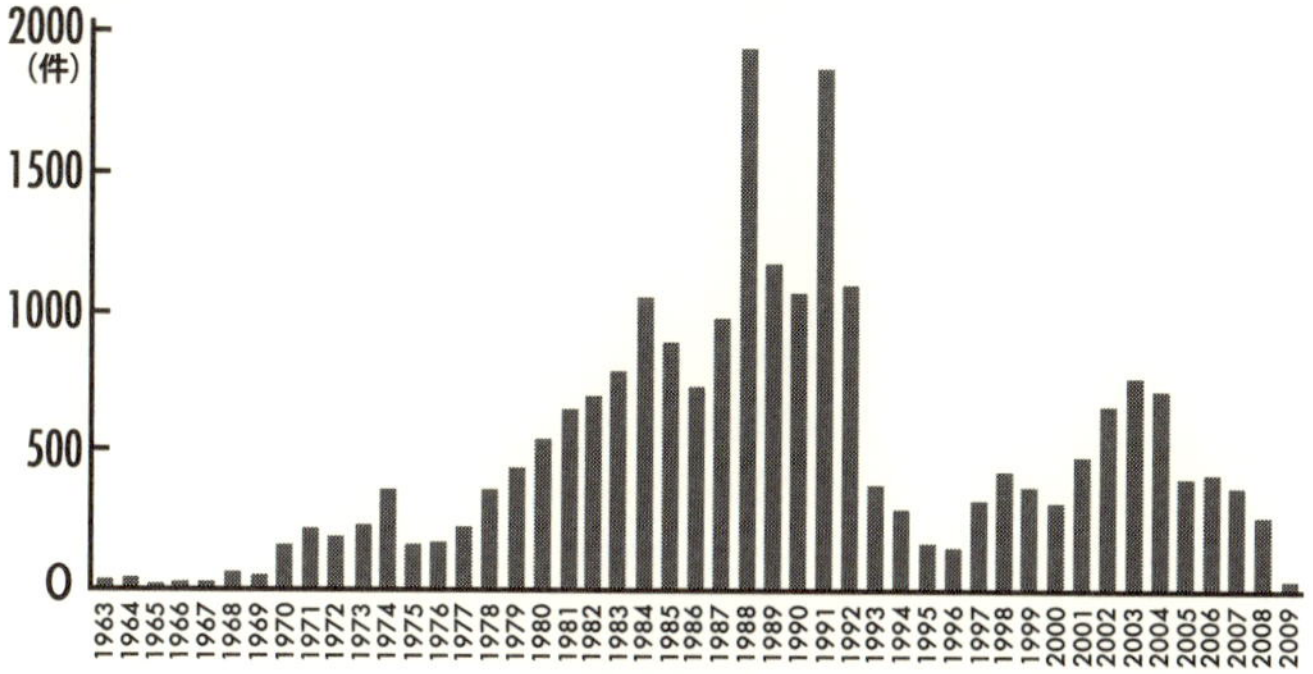

出所・東京カンテイの資料を元にきらめき不動産で作成

●出口価格予想～流通状態を知る

これは首都圏中古ワンルームの築年別流通事例分布図です。1963年～2009年のものですが、下が築年数です。

2010年の1～9月の9ケ月間の間にどれだけ売れたかを見てみると、この年に一番売れた築年数は1988年築の物件だったという話です。それに加えて、1970年代築の物件も動いています。このように一般的に築古と言われる物件でも流通しているのです。

先日、当社で築7年の物件を買われた投資家さんがいらっしゃいます。その他にも持たれている4件はすべて築3～4年と新しいものばかりです。

その投資家さんは「売る」という発想がありません。最低でも40年間は持ち続けるつもりだそうです。

投資スタンスは様々ですから、それを否定するつもりはありません。

でも人口からすれば、今は1億2800万人いますが、40年後には下手をすると7000万人に減ってしまうかもしれません。現にそんなデータも出ています。

40年後に、現在10万円の家賃が3万円程度下落すると想定しているそうですが、40年後に果たして家賃6万円が取れるのでしょうか。

私からすると、先の見通しのたたない何十年先の家賃想定には、現実味を感じられません。

それよりも10年くらいのスパンであれば、急激に日本人がいなくなることもないでしょうし、タイミングを見て売却という出口を目指しやすいと思うのです。

●タイミングを考える

現在はアベノミクスをはじめ、2020年オリンピック開催決定など、様々な経済的要因が後押しして、新築はもちろんのこと、比較的築年数の浅い物件の値上がりが著しい状況です。

例えば2000万円で購入した物件が、これまで5~10年後に1300万円へ値下がりしていたところ、今は1500万円~1800万円で販売していることがあります。

しかし、これは23区内でも立地のよい場所に限ります。

先日、当社へ持ち込まれた物件の例でいいますと、

場所：荒川区
取得価格：２０００万円
残債：１９００万円
築年数：４年
広さ：25㎡
家賃：８万９０００円（家賃保証）

このような条件で、査定をしたところ、一番高いところで１４００万円でした。つまり売却損が５００万円にもなります。なぜ査定価格が低いのかといえば、人気のエリアから外れていたからです。築浅の物件を買うのであれば、やはり一等地で買う方がいいでしょう。

売却時の景気変動を読むのは難しいかもしれませんが、今のように全体的に盛り上がっているときはプロでなくても、大きなチャンスとわかります。

調べてみると荒川区も以前よりは高く売買されています。とはいえ、購入価格で売ることができるのかといえば、難しいかもしれません。

このように売買価格が下落しやすいことに対して、家賃はさほど変化がありません。エリアにもよるのですが、一等地であるほど築年数に関わらず、一定の家賃を得ることができます。この家賃分析は第5章でも詳しく説明しています。

新築が築5年になると家賃は下がる可能性が高いですが、築20年が25年になってもさほど家賃は下がりません。築年数が古いものであるほど、利回りは安定すると考えます。

そして、ある程度の利回りがあれば売却は可能です。築年数が進んでいても出口を確保することができるのです。

5

ギリ旧耐震を狙え！　人気セミナーより

ギリ旧耐震を狙え！　人気セミナーより

「ギリ旧耐を狙え！」セミナー担当の長谷川順一です。割安物件の出物が減っていく中で、安い物件を購入していきたいと思ったら「何か」を妥協しなくてはいけません。そこで私は、敬遠されがちな「旧耐震基準」（通称旧耐）の区分マンションをあえて投資ターゲットとする事をご提案しています。

●「旧耐震」「新耐震」築年数の選択

皆さんが物件を探すときの条件は何ですか？

当社に来るお客さんの問合せで、よく言われる条件が「築20年以内、実質10％以上利回りがあり駅から徒歩5～10分以内」です。

しかし、そのような条件のそろった物件は滅多にありません。また、最近では物件価格も上がってきて、1～2年前のような利回りでの購入が難しくなってきています。

その場合、「築20年以内」をあきらめるのか？　「駅からの距離」をあきらめるのか？　「利回り」をあきらめるのか？

希望条件に合うものが買えないなら、視点を変えてみるのも手です。そこで、私が目をつけたのは「旧耐震の物件でもいいのではないか？」という点です。

中古の区分マンションを選ぶにおいて、旧耐震と新耐震で大きく評価が分かれると思います。とくに不動産投資家はこの点にこだわる傾向にあります。

しかし、旧耐震であっても、借りる人はあまり意識していません。それよりも利便性や設備、家賃に着目しています。

他の投資家が手をださない物件であれば、競争も少ないのでいい物件を買える確率が高くなります。

また、投資側面では、築何十年にもなる旧耐震の区分をいつまで所有するのか、出口をどうするのか悩まれる方も多いと思います。

売却はもちろんですが、場所がいいならずっと持っていてもいいでしょうし、もしかしたら建て替えで美味しいこともあるかもしれません。

一概に「○○したら良いでしょう」とは言えませんが、旧耐震にもメリットがあるということです。

●新耐震基準と旧耐震基準

ここで簡単に耐震基準について説明します。


【旧耐震基準】

1981年5月以前に建築工事を着工した建物に定められた耐震基準です。震度5強程度の揺れでも倒壊せず、破損したとしても補修することで生活が可能な耐震基準です。


【新耐震基準】

1981年6月以降着工の建物に定められたもので、巨大地震を想定し、震度6強〜7程度の揺れでも倒壊しないような耐震基準です。

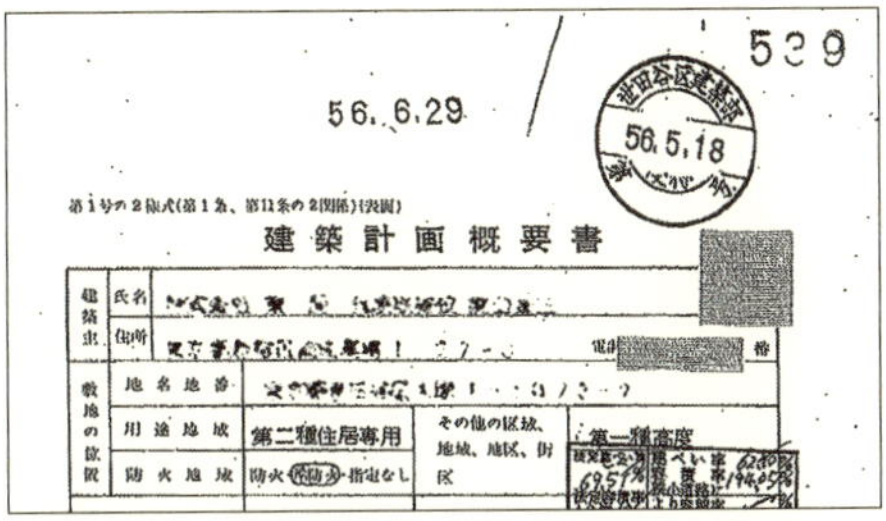

539

56.6.29

世田谷区建築課 56.5.18

第1号の2様式(第1条、第11条の2関係)(表面)

建築計画概要書

建築主	氏名	
	住所	電話 [redacted] 番
敷地の位置	地名地番	
	用途地域	第二種住居専用
	その他の区域、地域、地区、街区	第一種高度
	防火地域	防火 準防火 指定なし

上の資料をご覧ください。お客さんにご購入いただいた物件の建築概要書ですが、新耐震基準か旧耐震基準かわかりますか？

新耐震基準というのは昭和56年6月1日以降に建築に着手された物件です。昭和56年5月18日に受付をして、確認を受けたのが6月29日です。ルール上では新耐震基準になります。

このお客さんは購入条件として旧耐震にNGを出していました。そこで区役所で確認したところ「確認を受けた日付なので新耐震です」と言われました。

余談ですが、昭和56年の建築基準法改正以前の2年前くらいから「今後、建てるものに関してなるべくは新耐震基準に則って建てるように」と行政指導が行われていました。

でも、実際に新耐震基準で建っているかどうかはわかりません。法改正後1年くらいは、申請する側も確認する側もきちんと対応できていなかったという話もあります。徹底してこだわるなら昭和58年以降になります。

●古い物件に価値はあるのか？

「古い物件に価値があるのか」と心配される投資家さんも多くいらっしゃいます。

基本的に築年数が経過しても、都心の好立地物件に関していえば賃料も、物件の価格もほとんど下がらないというのが私の持論です。

１９８１年以前の物件でも、よい立地に関しては募集賃料も成約賃料もほとんど下がっていません。

結論を先に言いますと、どのエリアを買うにしても募集賃料の「底値」をしっかり把握して、購入価格や利回りを検討した上で買っていただければいいと思います。

No	物件種目 取引態様	賃料 敷金/保証金 礼金・権利金 管理費 共益費	使用部分面積 ㎡単価 坪単価	建物名 所在階	沿線駅	交通	間取 接道状況	築年月
1	マンション 媒介	8.2万円 1ヶ月/なし 1ヶ月・なし なし なし	23.40㎡ 0.4万円 1.2万円	サンワード恵比寿 3階	山手線 恵比寿	徒歩　3分	1K –	1977年 （昭和52年） 5月
2	マンション 媒介	8.5万円 1ヶ月/なし 1ヶ月・– なし –	22.00㎡ 0.4万円 1.3万円	ルイシャトレ恵比寿 8階	山手線 恵比寿	徒歩　3分	ワンルーム –	1985年 （昭和60年） 3月
3	マンション 貸出	9万円 1ヶ月/– 1ヶ月・– なし –	21.65㎡ 0.4万円 1.○万円	ライオンズプラザ 恵比寿 ○階	山手線 恵比寿	徒歩　3分	1K –	1983年 （昭和50年） 3月
4	マンション 媒介	9.5万円 1ヶ月/– なし・– なし –	24.20㎡ 0.4万円 1.5万円	サンイーストビル 5階	山手線 恵比寿	徒歩　3分	1DK –	1977年 （昭和52年）
5	マンション 媒介	10万円 2ヶ月/– 1ヶ月・– – –	23.50㎡ 0.5万円 1.5万円	中島グリーンハイツ 10階	山手線 恵比寿	徒歩　3分	1K 二方	1980年 （昭和55年） 11月
6	マンション –	10.7万円 1ヶ月/– 1ヶ月・– 21000円 –	24.34㎡ 0.6万円 1.7万円	ハセガワハイツ 2階	山手線 恵比寿	徒歩　2分	1K –	1982年 （昭和57年） 1月

レインズデータを参考にきらめき不動産で作成　（恵比寿　徒歩３分　20～25㎡　募集中で検索）

【検索事例１・恵比寿】

この資料作成時で、恵比寿エリアで出ている一番安い物件は、１９７７年の23㎡の物件です。それでも家賃７万２０００円です。

このエリアの最安値の募集賃料から割戻して、「いくらで買えばいいのか？」を検討します。

No	物件種目 取引態様	賃料 敷金/保証金 礼金・権利金 管理費 共益費	使用部分面積 ㎡単価 坪単価	建物名 所在階	沿線駅	交通	間取 接道状況	築年月
1	マンション 媒介	8.2万円 2ヶ月/なし 1ヶ月・なし 3000円 なし	22.02㎡ 0.4万円 1.2万円	エビスハイツ 3階	山手線 恵比寿	徒歩　2分	ワンルーム –	1986年 (昭和61年) 8月
2	マンション –	8.2万円 2ヶ月/なし 1ヶ月・– 5000円 –	20.27㎡ 0.5万円 1.4万円	ルイシャトレ恵比寿 5階	山手線 恵比寿	徒歩　3分	ワンルーム –	1985年 (昭和60年) 3月
3	マンション 媒介	8.5万円 1ヶ月/なし 1ヶ月・– 4000円 –	20.00㎡ 0.5万円 1.5万円	恵比寿ヴァリエビル 吉田 5階	山手線 恵比寿	徒歩　3分	ワンルーム –	1997年 (平成9年) 3月
4	マンション 貸主	9万円 1ヶ月/– 1ヶ月・– 15000円 –	23.65㎡ 0.4万円 1.3万円	ライオンズプラザ 恵比寿 8階	山手線 恵比寿	徒歩　3分	1K –	1983年 (昭和58年) 5月
5	マンション 媒介	10万円 2ヶ月/– 1ヶ月・– – –	23.50㎡ 0.5万円 1.5万円	シャトーハセガワ 5階	山手線 恵比寿	徒歩　3分	1DK –	1980年 (昭和55年) 11月
6	マンション 媒介	10万円 2ヶ月/なし 1ヶ月・– なし –	25.00㎡ 0.4万円 1.4万円	中島グリーンハイツ 5階	日比谷線 恵比寿	徒歩　1分	1DK –	1980年 (昭和55年) 11月

レインズデータを参考にきらめき不動産で作成　(恵比寿 徒歩3分 20～25㎡ 成約で検索)

これが今年1年で成約した事例です。安い順です。

恵比寿2分で1986年、22㎡、8万5000円。2番目が8万7000円で20㎡です。

外観や共用部分は自分の力ではどうしようもありませんが、中はどんな風にでも変えることができます。そこが選択のポイントになります。

バス・トイレ別にリフォームすれば家賃10万円以上で貸せます。20㎡でバス・トイレ別にすると居室は6畳とれるかどうかくらいですが、最低20㎡あれば、それなりにはできます。

実際、恵比寿エリアで旧耐震物件を検討するのであれば、恵比寿5分でNET利回り8%ならすぐにでも買っていいと思います。

広告宣伝費を使うことにより、本来8万円では厳しい物件でも8万5000円で決まることもあります。

基本的には家賃の安い順から入居が決まり、物件が無くなっていきます。同一建物でも8万5000円の物件がなくなり、9万円の物件がなくなれば、9万5000円で募集を出しても、それしかなければ決まるのです。それこそタイミングです。

繁忙期であれば、より強気でいけます。入居者さんにアピールする方法としては、インターネットでの募集条件に礼金無料や、フリーレントがあります。

業者さん向けには広告宣伝費2ヶ月なら、フリーレント1ヶ月と広告宣伝費1ヶ月など「2ヶ月分の中で調整してください」と賃貸業者さんに提案して、お客様にアピールがしやすくなる方法をとってもらいます。

No	物件種目 取引態様	賃料 敷金/保証金 礼金・権利金 管理費 共益費	使用部分面積 ㎡単価 坪単価	建物名 所在階	沿線駅	交通	間取 接道状況	築年月
1	マンション 媒介	7.6万円 なし/– 1ヶ月・– – –	24.03㎡ 0.4万円 1.1万円	ライオンハウス 中目黒 3階	日比谷線 中目黒	徒歩 3分	1DK –	1972年 (昭和47年) 4月
2	マンション 媒介	8万円 1ヶ月/なし 1ヶ月・– なし –	20.00㎡ 0.4万円 1.4万円	ハセガワビル 3階	東横線 中目黒	徒歩 2分	1K –	1989年 (平成1年) 3月
3	アパート 媒介	8.3万円 1ヶ月/– 1ヶ月・– なし –	20.10㎡ 0.4万円 1.1万円	ハセガワビル 1階	東横線 中目黒	徒歩 2分	1K –	1989年 (平成1年) 3月
4	マンション –	8.3万円 1ヶ月/– 1ヶ月・– 5000円 –	20.10㎡ 0.5万円 1.4万円	リテーラ中目黒 2階	東横線 中目黒	徒歩 3分	ワンルーム –	1992年 (平成4年) 4月
5	マンション 媒介	8.3万円 1ヶ月/– 1ヶ月・– 5000円 –	20.10㎡ 0.5万円 1.4万円	リテーラ中目黒 2階	日比谷線 中目黒	徒歩 3分	ワンルーム –	1992年 (平成4年)
6	マンション 媒介	8.5万円 1ヶ月/なし 1ヶ月・なし なし –	25.00㎡ 0.4万円 1.2万円	周ビル 1階	東横線 中目黒	徒歩 2分	ワンルーム –	1970年 (昭和45年)
7	マンション 代理	8.5万円 1ヶ月/なし 1ヶ月・– なし 5000円	24.〇〇㎡ 0.4万円 1.2万円	メゾン中目黒 4階	東横線 中目黒	徒歩 2分	1DK –	1972年 (昭和47年) 5月
8	マンション 媒介	8.5万円 2ヶ月/なし 1ヶ月・– なし –	25.51㎡ 0.4万円 1.4万円	シュービル 1階	東横線 中目黒	徒歩 2分	ワンルーム –	1973年 (昭和48年) 9月
9	マンション 媒介	8.5万円 2ヶ月/– 1ヶ月・– なし なし	2〇.〇〇㎡ 0.4万円 1.3万円	コーポハセガワ 1階	東横線 中目黒	徒歩 3分	ワンルーム –	1970年 (昭和45年) 3月
10	マンション 媒介	10万円 1ヶ月/– 1ヶ月・– – –	22.00㎡ 0.5万円 1.6万円	ヴェルデナポリ 1階	東横線 中目黒	徒歩 3分	ワンルーム –	2001年 (平成13年)

レインズデータを参考にきらめき不動産で作成 （中目黒 徒歩 3 分 20 ～ 25㎡ 募集中で検索）

【検索事例2・中目黒】

これは中目黒エリアですが、1970年の物件やアパートの1階でも8万円台で募集しており強気がうかがえます。

需要の高いエリアでは古い物件だからといっても、家賃を極端に下げる必要がないのです。基本的に、これが5年経っても10年経っても賃料はほとんど変わりません。何年後かの売却時には、その賃料からの利回りで価格が決まります。

このように都心の人気エリアにある物件の場合、古い物件でも家賃の影響はほとんどありません。そもそも古い物件はそのエリアの中でも、早い時期に建築されているので、良い立地に建てられている事が多いのです。部屋が汚い、中が汚い、設備が古いという問題はリフォームや交換ができるので問題ありません。

当社の事例では、一年前に恵比寿駅から1分の築30年以上の物件を扱いました。30㎡ほどあって家賃は14万円でした。なお、購入価格は1755万円でした。30年間ずっと家賃を受け取って、売却した時は1650万円。売った側からすると「利益しかない」状態です。

なぜ高く売れて、高い賃料で貸せるのか？

単純に、そこに需要があるからです。

駅近で高い家賃がとれる条件として、「事務所としても使えること」があげられます。私は田舎に住んでいるので、個人的には恵比寿1分の場所に住みたくありません。住む場所はもっとのんびりした場所がいいですが、事務所としてなら使いたいと思います。立地を見て、どのような需要があるのかを考えてください。

例えば、渋谷駅徒歩5分で「6万円で住みたい！」となれば、狭小の部屋しか借りられません。でも、そこにも需要があるのです。極端な話、渋谷徒歩5分で家賃が6万円なら、広さが10㎡の部屋でも借り手はいると思います。

次に、都心好立地以外という部分でも、先ほど同じで賃料の底値をしっかり把握すれば基本的に失敗しません。

乗降客数や駅からの距離をしっかり抑えていただくのが大事です。また少し広めの物件を買われた方がよいでしょう。

例えば25平米くらいの物件が5万円の賃料だとします。それをリノベーションやリフォーム等の追加投資をすることによって、家賃を7万円程度に上げることも可能です。

後ほど事例でも紹介しますが、リフォーム、リノベーションが活きる広さとしては、25㎡以上は必要です。トイレやお風呂・キッチンにスペースを取ると居室が狭くなるからです。

25㎡は欲しいとなれば、今度は逆に、好立地になると高くなります。だから私は、横浜でも主要駅から少し外れて、それでもしっかり賃貸需要があるところをおすすめしています。

都心の好立地物件の利点を知りながら、なぜ私が横浜でやっているかといえば、私に土地勘があるからです。

逆に言えば、土地勘があってその地域の事情に通じているのならば、それが千葉でも埼玉でもかまわないと思います。自宅周辺など土地勘のある場所や、車で1時間以内などエリアを決めて探すのも良いでしょう。

●競合に差をつけ、「入居者に選ばれる部屋」にする方法

基本的には**設備投資**、**特色付け**、**賃貸募集時の広告宣伝費**の3つが有効です。

設備投資は先述したリフォームや設備の交換です。キッチンやユニットバスに関しても、経年劣化が進むと見映えが悪くなりますから、退去時に通常の原状回復だけでなく、経年劣化した設備を交換するのです。

本体全てを交換するとかなり高額になるので、全部ではなくパネル交換、塗装など見た目の部分だけでも効果があります。

給湯器やエアコンの寿命は10年〜15年です。原状回復工事時のタイミングで、壊れる前に交換することによって、突発的な出費を抑える事にもなります。先を見越した設備投資をすることも大切です。コストをかけた分だけしっかりと回収できるようなお金のかけ方を心掛けてください。（参照Ｐ１２０〜）

また、特色付けも選ばれる部屋づくりのポイントになります。カラフルな塗装やクロスを選ぶ、照明器具をおしゃれなものに交換する、小物やカーテンでデコレーションしてモデルルーム化するなど、特色付けで印象をアップさせ、競合物件との差をつけましょう。

しかし、いくら「選ばれる部屋」を作っても、そこにお客様が来なくては意味がありません。そこで、当社が募集している物件に関しては基本的に広告宣伝費1ヶ月を出しています。当社は横浜だけではなく、都内の物件も多数管理していますので、この**広告宣伝費**が賃料募集のキモになっています。

賃貸営業さんは、基本的に利益が大きいものから優先的に紹介しています。例えばお客様が来店して「ネットで見たこの物件はありますか？」と聞いたとしても、その物件が自社物件でなければ利益が半分しかないので「ああ、それはもう申し込みが入ってしまったようですよ」と紹介してくれないかもしれません。そう言われれば、お客様はそれを信じてしまうでしょう。

しかし、広告宣伝費が出ていれば、客付業者さんは入居者からの仲介手数料と当社からの広告宣伝費の2ヶ月分の手数料、自社物件と同じ、いわゆる両手の手数料がとれるようになるので、積極的に当社の物件の客付営業をしてくれることになります。募集時期にもよりますが、4～5人見てもらえれば大体決まるでしょう。

それでも決まらない場合は、家賃設定や初期費用、室内の状況や設備の見直しを検討します。礼金1ヶ月の設定で広告宣伝費が1ヶ月の場合、大家さんの実質的な負担はないのですが、「早く決めたい！」ときには広告宣伝費2ヶ月とか、多いときは3ヶ月までのせています。

当社は投資物件としてお客様に買っていただいているので、空室期間が長いと利回りが下がりますし、お客様も心配されます。入居まで2～3ヶ月以上かかりそうな賃貸需要が少ない時期や、競合が多いエリアであれば、2ヶ月、3ヶ月の広告費を出すことによって優先的に紹介してもらい、早期の入居を決めるという提案をこちらからする場合もあります。家賃を2ヶ月ガマンしていただくイメージです。

●リフォーム見積もりの取り方

現在物件をお持ちの大家さんに聞いたところ、意外と皆さん、管理会社などから言われた内容や、金額のままで依頼されていることが多いようです。

当社の場合、必ず相見積もりをとります。通常の原状回復でもクロス単価は会社によって800円～1200円と幅があります。クリーニングも2万5000円のところがあれば、1万8000円でやるところもあります。

当社は比較的安い業者さんを使っていると自負しておりますが、中にはお客さんが付き合いのある業者の方が安くできるケースもあります。そういった場合、その業者さんを紹介してもらうこともあります。

数多くの業者さんとのお付き合いをし、エリアやその業者さんの得意分野で使い分けるということもしています。

相見積もりを取る場合ですが、最初に安いと思う業者さんから見積もりをとる事がポイントです。

業者さんから出た金額を、会社名を伏せて見せて「もっと安い金額でできませんか?」と他の業者さんに交渉する材料になります。安くはできなくても、同額には合わせてくれることも多いです。その価格でできない場合は相手も「すみません、うちでは無理です」と断ってきますので、相見積をすることによって、最初に交渉した業者が本当に安いのかがわかります。

ただし、安かろう・悪かろうは一番注意しなければいけません。しっかり自分の目でアフターチェックをしてください。

次に、リフォームやリノベーションがパッケージになっている商品のケースです。これは必ずパッケージの内容と範囲を確認する事が大切です。

業者によっては見た目のパッケージは安く抑えて、後から追加工事を要求してくることもあります。

「ここをはがしたら壁や床がこうなったので、ここも直さなきゃダメですよ!　そうすると○

○円かかりますよ」と、やり始めてから言われたりすることもあります。
たしかにマンションは壁や床など実際に開けてみないとわからないことがありますので、まずアウトラインで、これ以上かからないという金額を把握しておくことが大切です。

しっかりパッケージの内容を確認して、例えばどこからどこまでの工事で100万円なのか？わかる範囲で追加工事が必要かを確認し、もし可能性があるなら、そのおおよその金額も先に確認すべきです。

例えば解体したら配管がコンクリの中に入っていて、はつりが必要な状態もあります。

こういった場合でも向こうもプロなので、追加の可能性があったら「このくらいかかりますよ」と教えてくれるはずです。そこで「これ以上かからないよね？」と念押しをして、話を進めていくのが良いと思います。

●フルリノベで家賃2万円アップの例

施行前

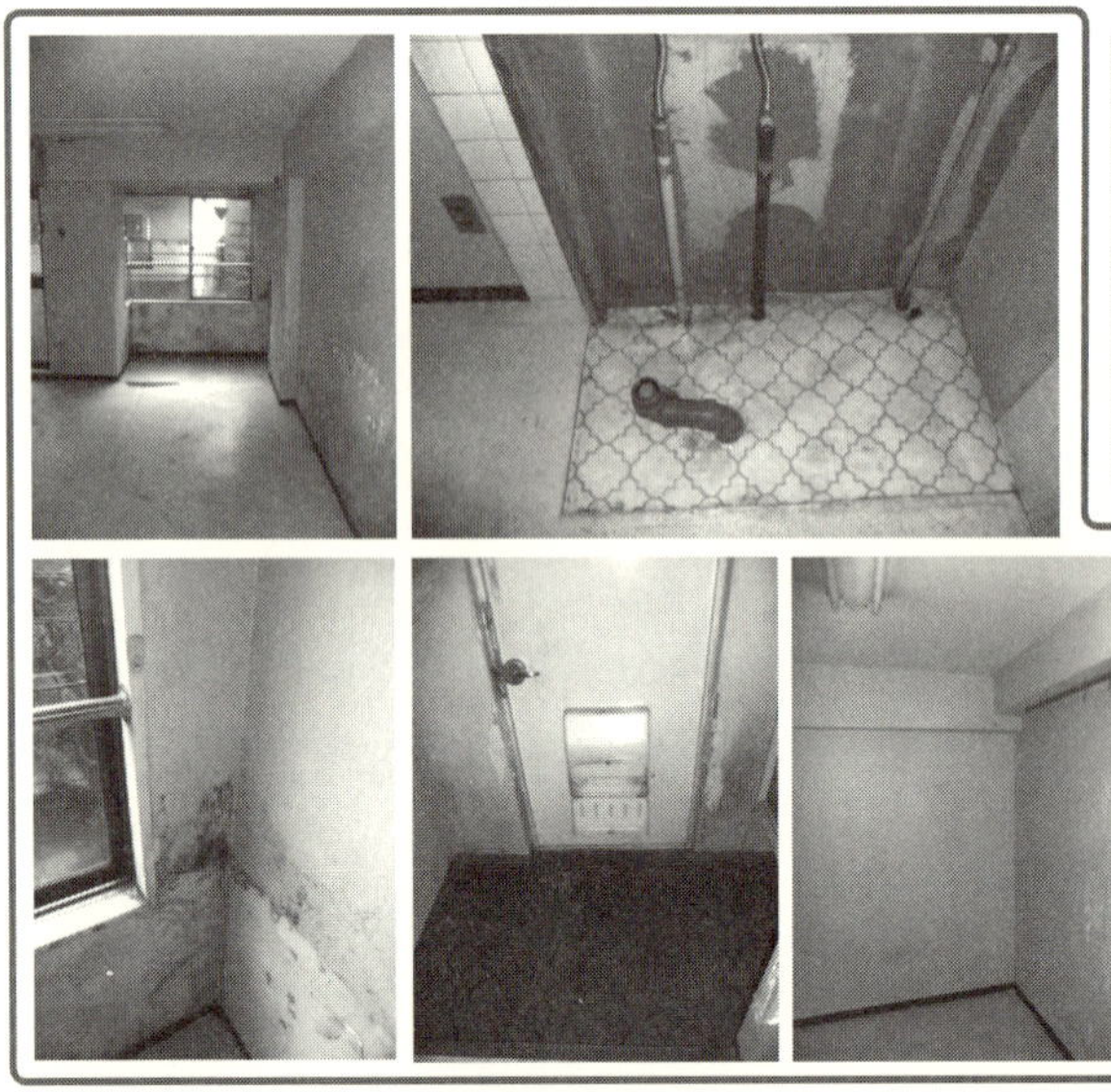

施行後

当社で買った物件です。施工前の状態と後の写真を比べてください。

吉野町という市営地下鉄のブルーラインにある駅にある物件で、バス・トイレ別で27・44㎡と、ワンルームマンションとしては広めの部屋でした。

この物件は「レインズ」（業者間ネットワーク）に登録されていて300万円で売りだされていました。場所が近いので、電話してすぐに現地に駆け付け、見た瞬間、非常にやりやすい物件だと判断しました。

工事前はキッチンもユニットバスもありません。私たちにとっては廃材処分費が安くなったのでかえって良かったのですが、お金をかけなければ何もできない状態でした。

結局、250万円で買って、リノベーション費用が140万円でした。

時期が12月くらいだったので、自分で使われる方に買ってもらおうかと売却に出して様子を見ていましたが、なかなか上手く話が進みませんでした。

それで賃貸に切り替えて7万4000円で募集しました。地場の業者には「そんな家賃で決まるわけがない！」と言われましたが約2週間で入居が決まり、お得意様に投資物件として６００万円で購入してもらいました。利回りは12・19％です。

入居募集のための広告宣伝費は2ヶ月分で、この物件を仕上げるのに使った費用は総額で約４３０万円です。

吉野町駅5分で25㎡以上の賃貸募集と成約事例を見ると、古い3点ユニットバス、キッチンのままで募集すると、５万円〜５万２０００円くらいです。

それを今回のように１４０万円かけてリノベーションすることにより7万４０００円で貸せました。２万円以上の家賃アップです。１４０万円と2万円の部分で利回りを計算してもらえれば、リノベーションの効果がお分かりいただけると思います。

設備はほとんど新品。エアコンや給湯器も全て換えています。オートロックがついていなかったのでモニター付きのインターホンにしました。設備面は10年〜15年くらいはこのままで大丈夫でしょう。パッケージに入っているものなので、設備的にはそんなに高いものではありませんが、最新の設備ですから古い物件に比べて快適です。

築浅の物件でも、２０００年〜２００５年築の物件を見に行くと、やはり今の新しい物と比べたら古さが隠し切れません。リノベーションをして、設備を交換することで、中身だけは新築と同じような状態になるのです。

既存の設備を利用して、仕切りを上手く取り入れてバス・トイレを別々にする工事もありますが、どうしても無理があります。

どこかのタイミングでリノベーションすることによって、家賃が大幅にアップしますし、売却する際の価格もアップします。

この物件の場合、10年くらいの期間で入居が2～3回のサイクルなら、どんなに下がったとしても6万8000円くらいの家賃でいけます。

10年後に売るときは6万8000円の賃料に対しての売買価格、利回り計算で売れます。つまり最終的な出口のときも、しっかりリターンが見込めるのです。

ちなみに今回の物件は新耐震基準ギリギリの物件です。旧耐震の場合は求められる利回りが上がってきますから、そこをしっかり踏まえてください。

●フルリノベの収支計算。プロの目で見てみよう

施行前

施行後

これは西横浜の旧耐震の物件です。当社で買いました。

このように、購入当初は経年なりの物件でしたが、フルリノベーションをしたので、中に入れば新品同様です。31・5㎡、家賃７万２０００円で入居が決まりました。

物件を工事前の状態で見たときに、リノベーション費用の概算をおおよそで見当をつけます。「１６０～１７０万円かな」と思ったら、実際は１８０万円でした。この辺りはプロの目線です。リノベーションをすることによって「いくらで貸せるか？」「いくらで売却できるか？」と考えます。

この物件も最低限の原状回復工事で済ますこともできますが、それでは賃料に反映しません。しっかりと設備投資をして、投資額以上のリターンを得られるようなやり方をすることで、より投資効率を高めることができるのです。

ここは仕入れが３５０万円でリノベーション費用１８０万円。６１０万円で売りました。本来であればあと１００万～１５０万円は高く売れる物件ですが、当時早急に現金化したい事情があったために、すぐ買ってくれる投資家さんに譲ったような形になりました。

我々は業者なので手数料などのコストがかかりませんし、個別の物件へのこだわりや思い入れもありません。買った物件を市場に出せばいつでも買値よりも高く売れますし、持っていれば家賃が入ります。現金を一時的に投資に回しているような感覚です。

投資家の皆さんも、ぜひそういう視点も考えながらやってみてください。

●「旧耐震」物件の選び方

【立地】

まず一番大切なのは立地です。賃料の底値をしっかり把握した上で、周囲を見て歩きましょう。どうしてもネット検索だけでは、メジャーな駅ばかりに注目しがちです。

先ほどの吉野町も駅の周りに大きな商業施設があるわけではありませんが、ファミリーマンションも多く、単身向けの需要もあります。かえって利便性が高い関内や伊勢佐木長者町駅では、繁華街が近すぎて敬遠する傾向もみられます。

吉野町はあくまで一例です。気になる立地は実際に歩いて見ていただくのがいいでしょう。

【建物】

エレベーターやオートロックはないよりもあった方がいいですし、総戸数は少ないより多い方がいいでしょう。

しかし古い物件、特に旧耐震の物件で上記すべてを満たす物件を探すのは比較的難しく、結局、「どれを優先するか？」という取捨選択になる訳です。

共有のスペースや設備に関しては、自分ではどうしようもありません。しかし専有部分の設備はどうにでもなります、例えばオートロックがなければ、モニター付きインターホンを付けることでカバーができる部分もあります。

エレベーターがなくても、３階までならさほど問題ありません。しかし、「エレベーターなしの３階以上は絶対に買わない」というお客様や買取業者も多いです。

総戸数は管理費や修繕積立金に影響がでます。結果、管理状況や修繕状況にも影響が出ます。最低でも25戸以上、できれば30戸以上あった方が安心です。場所があまり良くなくて、土地価格も高くないところであれば、少ない戸数の物件は避けた方がいいでしょう。

しかし、好立地で地価の高い地域であれば話は別です。

例えば赤坂や麻布で全12戸しかない物件があるとします。12戸では融資がつきにくく、一戸あたりの管理費や修繕積立金も高くなってしまいます。

しかし、見方を変えると土地の持分が多くなりますので、資産価値は高いといえます。また、建て替えの場合にも小戸数の方が合意形成はしやすいので、戸数が少ないのが一概にダメだとは言い切れません。

そして、ファミリー用の広めのタイプもあって、大家さんが自分で住んでいるお部屋が混在しているマンションの方が管理状況はいい傾向にあります。

投資用だけのワンルームばかりの物件では、大家さんは管理会社に任せっ放しになりますし、住む人も借りているだけという意識なので、ゴミが落ちていても拾いません。管理会社も巡回管理だけなので、共有廊下に無断で物を置いていても注意をしないなど、管理状況が悪くなりがちです。

【管理】

建物の選択＝建物管理会社の選択にもなっています。

管理会社さんは自分で選ぶことはできません。実際に物件を見ると、現在の管理が良いか悪いかは一目瞭然です。ある程度きれいな状態で、修繕積立金がしっかり貯まっていれば良いでしょう。修繕履歴や修繕計画などを見て、しっかり確認してください。

修繕積立金が少ない中でうまくやっている管理組合もあります。例えば投資用のワンルームを販売しているC社などは、20〜25年経っても管理費と修繕積立金を合わせて1万円を越えている物件はほとんどありませんが、管理状況はさほど悪くなかったりします。

金額のバランスも大事です。管理費9000円、修繕積立金500円というのでは、今後の修繕に不安があります。

●買うときの注意

物件を見てから買うのが基本ですが、最近はとにかく物件の足が速いです。600万円の物件を550万円で欲しかったら、すぐに買付を入れましょう。契約する前だったらキャンセルも効きます。

通常、よくあるケースは、投資家さんから「この物件はどうですか？」と、メールや電話が来ます。「いいですね。調べてみます！」で、いい物件だと思えば「申込み」といった流れになります。

お客様からすると、私たちに物件のチェックや購入金額の相談をしてくる訳です。しかし、私たちも物件の全ての内容を把握できているわけではありません。

内容全てを先に調べた上で、購入申込というと、買えなくなってしまいます。

だから、先に「買う！」と意思表示した上で、購入申込書に調査報告書の内容・・・修繕履歴、積立金総額、入居者属性の確認など要件を入れます。

まずは一番手になる事が肝心です。不動産業者のスタンスによっても違いますから、売主さんと話合いの余地を残しながらの申込みが大事です。とにかく買う意思を相手に早く伝えるべきです。

私の場合は、よほどいい物件であれば、物件探しを委任されているお客さんの名前で、先に買付申込を送ります。

万一、このお客様がこの物件を買わなくても、良い物件であれば、買いたいお客様が必ずいます。「○○さんは余裕がなくて買えない」となれば、他に物件探しを依頼されているお客様に振ればいいだけの話です。

●調査報告書だけではわからないこと

ある横浜市内の物件の例をご紹介します。ここは一時、すごく安く出ていた物件で場所もＪＲの駅徒歩１分なので検討した方も多いのですが、現地に行くと駅周辺が再開発してキレイになっている中、この物件はやたらと汚いのです。

しかし調査報告書をみると、修繕積立金が９１００万円・・・今なら多分約１億円貯まっていると思います。物件の規模にもよりますが一般的に９１００万円あれば、まず心配はありません。

通常の物件であれば大規模修繕を2回くらい余裕でできる額です。

それなのに、なぜ外観が汚れたままなのでしょうか。気になったので管理会社の担当者に電話

重要事項に係る調査報告書

マンション名(住戸番号)				(306号室)
所在地	横浜市[redacted]			
	月額	平成25年2月28日 現在	滞納額	平成25年2月28日 現在
管理費		7,900 円		0 円
修繕積立金		1,700 円		0 円
給湯保守費		1,000 円		0 円
居住者水道料金		0 円		2,984 円
月額合計(滞納合計)		10,600 円		2,984 円
特記事項				
修繕積立金積立総額		91,160,894 円		平成24年3月31日 現在
	特記事項			
マンション全体の滞納額	合計	7,312,167 円		平成24年3月31日 現在
借入金残高		0 円		平成24年3月31日 現在
	特記事項			
大規模修繕工事の予定	工事予定	検討中	実施予定時期	未定
	借入予定	未定	一時負担金	未定
	特記事項			
駐車場の利用	駐車場の有無	無	駐車場の空き	
	使用権の承継		月額使用料	
	特記事項			
駐輪場の利用	駐輪場の有無	無	駐輪場の空き	
			月額使用料	
	特記事項			
管理員等の勤務	管理形態	通勤	管理室TEL	
	勤務日	月,火,水,木,金,土		
	勤務時間	9:00～17:00(土のみ9:00～12:00)		
管理費等の収納	収納口座	口座番号 口座名義		
	納入方法	口座振替	振替日	当月分3日
	特記事項			
管理費等の改定予定	改定予定の有無	有	改定時期	平成25年10月頃
	改定内容	通常総会に上程予定(6月)		
石綿使用調査	調査の有無	無		
耐震診断調査	調査の有無	無		

【マンション全体の滞納額内訳】
管理費:1,457,511円、修繕積立金:310,346円、組合費:32,125円、消費税預り立替額:3,169円、
給湯保守費:174,236円、水道料金:4,303,651円、給湯料金:1,030,940円
【その他特記事項】
別紙を参照願います。

宅地建物取引業法第35条第1項8及び同法施行規則第16条の2の定め等による当該マンションの取引等に係る重要事項等については、以上のとおりです。なお、この報告は、当該マンション管理組合と当社との間で締結している管理委託契約書の規定に基づくものです。また、建物の区分所有等に関する法律第33条第2項、第42条第5項、第66条の規定により、当該マンションの利害関係人は、管理規約等の閲覧請求権があることを申し添えます。

平成25年3月21日

[redacted]

調査報告書・例

をして聞いたところ、積立金が約1億円あっても、この物件は今まで一度も大規模修繕が行われていないといいます。セントラル給湯のため、そのメンテナンスや設備の交換などで、大規模修繕をやるには3～4億円もかかるのだそうです。

このような事情は、調査報告書を見るだけではわからないので、くれぐれも気をつけてください。今でも問い合わせはあるのですが、お客さんにはこの物件は「買わない方がいいですよ」とアドバイスしています。

とはいえ、相場で500万円の物件が200万円安く、300万円で買えるのであれば良いと思います。後で一時金として200万円かかるとしても、それを合わせての相場価格です。

リスクは売買価格で調整するしかありません。よく納得した上で購入することが重要です。

今年取引されている物件の利回りは、去年よりも下がっています。例えば去年が10％なら、今年は9％を切っています。

そう考えると、東京オリンピックまで、今よりもさらに成約価格が上がり、求められる利回りは下がってくるかもしれません。

築20年、利回り9～10％で物件を探している方が、買う物件が見つからないので、「現金で持っているよりは少しでも投資に回したい」という考えでNET利回り7％で築30年の物件を購入するような相場の動きになってくるかもしれません。

様々な考え方があると思いますが、今買えるベストの物件、自分の納得できる物件を選んで買うことです。

コラム　ギリ旧耐震Q&A

Q　既存不適格（現行の法令に則って建築した場合に、既存の建物と同規模での建築が不可能な物件）だとどうなるのですか？

A　現法に合わせて建て直す場合に、例えば半分しか建たなかったら、5階建て20㎡だと10㎡になります。そういう所を持っている人は、コストをかけてまで建て直すメリットがないので、修繕をしっかりしてなんとか維持させようと努めます。

建て直しの話が出ていて準備金をはじめていたりすることもありますが、実際にやろうとすると非常に難しいのが実情です。ワンルームのような投資用の物件に関しては、特に難しいと思います。

Q　旧耐震では「家賃の底値を知るのが大事」とのことですが、レインズなどの業者情報を見られない一般の投資家が、その地域の底値を知るには？

A　各種の賃貸サイトで相場を調べることができます。自分が買おうとしている物件のある地域の、競合する物件の家賃の底値はいくらなのか。それを踏まえた上で購入すれば間違いありません。

Q　最近は安い物件がないので古いものを探しているのですが、けっこう借地権があるのです。

A　そこは割り切りですね。投資として買う場合は、一生持つわけでもありませんから。また、所有権でも、区分所有の場合は自分で土地を好きにできる訳ではないので、何かあったときに多少安心感があるという程度です。

買うときに確認すべきことは、更新料と更新時期、あとは名義変更料の負担の有無ですね。基本的には借地で売りに出ている物件に関しては、売主さんが名義変更料を負担する（売買代金に織り込んで）と思います。

でも今度、ご自分が売却するときには名義変更料がかかりますから、その辺の確認もしてください。また、管理費や修繕費積立金以外に、毎月の地代がかかります（その代わり、土地の固定資産税はかかりません）。

個人的には、所有権よりも比較的高めの利回りで売りに出てくるので借地権はアリだと思いますよ！

Q　建物の管理の良し悪しはどこを見れば？

A　管理の良し悪しは物件を見るのが一番いいですね。古いということはどうしようもないですが、それなりにメンテナンスされていて、管理状況がいいというのは見ればすぐ判断できます。

それに調査報告書の確認と管理会社の担当にヒアリングも必要だと思います。

自主管理でも、しっかり報告してあったり修繕してあったりする意識が高い自主管理ならOK。ファミリー物件が入っていると意識が高い傾向です。

ただし自主管理で、ずっと同じ理事長がやっている場合は要注意です。自主で売買のとき、理事長や会計さんにヒアリングしますが、明瞭じゃないこともあります。「積立金？秘密！」なんてコメントもあったりしました。

また、借地の物件で地権者が理事長になっているケースもありました。なんでもいい値になるから「修繕だ！」といって、お金を集めている。管理組合もありませんでした。管理費1万円、積立1万円だったとして、その2万円が無ければ維持できないという物件で、2万円を支払うのであればいいと思いますが、あきらかにそうではないケースは問題です。そういうときに「管理会社を代えよう！」と所有者たちが立ち上がって管理会社を代えていることもあります。

A社が高くて管理状況が悪いから、B社に変更するなど、そこに住んでいる方、持っている方の意識が高いところはいいですね。実際に、管理会社を代えたから管理費が下がったという物件もあります。

こういう事を調べるためには調査をしっかりする必要がありますが、それは個人ではなかなか難しいので、仲介業者などに依頼してください。我々は、それが仕事です。

Q　都内でこれから有望なエリアは？

A　勝どき、豊洲は前々から「盛り上がってくる」と言われ続けてきましたが、オリンピック、築地移転などで一気に火がついた感じです。中野も再開発で物件が減りました。渋谷も再開発ですが、こちらはもともと高いです。

相鉄線の西谷駅は東横とJRの直通の整備が始まっていますが、どうも盛り上がりません。

今、西谷はワンルームの需要がほとんどありません。ファミリー物件の需要は確実に上がってくると思いますので、そうなればワンルームも期待できるかもしれませんが。ただ、もともと認知度が高いエリアが再開発などで盛り上がってくるものなので大幅な需要増は厳しいかもしれません。

有望というか、赤坂や六本木の借地は狙い目です。人があまり注目しないところに着目して、当ったところで出口を見据えて売ればいいのです。

一生持っていたい物件もあるでしょうが、必ずインカムとキャピタルを総合的に考えて、常に売るつもりでいた方がいいと思います。

お客さんの中には買った瞬間に、常に売りに出している人もいます。例えば300万円で買った物件を、ずっと500万円で売りに出すんです。他の競合物件がパタパタ～となくなってくると、声がかかって500万円で売れることが稀にあります。

当たり前のことですが、売りに出していないと売れません。今などまさにそれで、ここ半年くらいは「買える」と思う物件が少なくなってきたので、今まで売れ残っていた物件が「意外といいんじゃないの？」と錯覚されて売れてしまうこともあります。

利回りだったり価格だったりで、多少、その時代に合わせてやっていかないと買えません。ただ現金で持っているよりも、そこに入れたほうが多少なりとも増えていきます。時代に合った目を常に持つ必要があると思います。

6

東横線で幸せになろう　人気セミナーより

東横線で幸せになろう　人気セミナーより

「東横線で幸せになろう」セミナー担当の風間章宏です。実家が東急東横線の武蔵小杉駅の近くにあり、実際に沿線界隈に住んでいます。土地勘もさることながら、地場の業者さんにも詳細な聞き取り調査を行っているので、東横線沿線駅の投資物件情報はお任せください。

●23区の物件から神奈川の物件へ

近年アベノミクスの影響で、物件価格がかなり上がり、とくに都内では、満足のいく利回り物件は買えない状況です。

当社は横浜にありますが、これまで都内で探されていたお客様から神奈川の物件、中でも比較的知名度の高い、「東横線沿線」へのお問合わせを頂く事が増えています。

「東横線沿線」の物件ならば、イメージも良いし比較的安定的な運用ができるのではないかとお考えの方が多いのですけども、実際はそうではありません。

メリットもありますが、デメリットもあります。興味のある方には、両方の部分を知ってもらったうえで、東横線で物件を取得して幸せになっていただければと思います。

●どうして東横線が注目されるのか？

まずは、どうして東横線が注目されているのかを解説します。まず前提として、都内のほうの駅がかなりいい場所を通っているので、そのイメージがあるようです。不動産情報のポータルサイトでみていても、東横線沿線駅、地域でいうと東京の中目黒、自由が丘、代官山などは、常に人気ランキングの上位です。

最近は副都心線との接続や武蔵小杉駅の大規模再開発がすすみ、住みたい街ランキングに神奈川県の「武蔵小杉」、「日吉」も上位に出るようになりました。注目地域が広がったことで、沿線としてはさらに選ばれやすくなってきています。

●買っていいエリア、ダメなエリア

東横線沿線駅は、都内よりも神奈川側の方が、駅数が多くあります。渋谷方面からいくと、川崎市側に3駅があり、それ以降は横浜市になります。横浜港北区にあるのが、日吉、綱島、大倉山、菊名、妙蓮寺。神奈川区では白楽、東白楽、反町・・・と続きます。ここでは買っていいエリアと買ってはいけないエリアの話を、具体的な駅名を交えて解説しましょう。

大倉山以降の横浜までは、実は運用できるエリアが少ないのです。キャピタルゲインが狙えるような相場より著しく安い物件であれば別ですが、普通の相場利回りで、家賃収入を目的とした運用をするのであれば、買っていいのは、川崎市中原区の「新丸子」「武蔵小杉」「元住吉」この3駅のみだと私は考えています。

大きな要因としては、用途地域の違いがあります。川崎市中原区は、駅周辺エリアの広範囲に商業地区が設定されています。そのぶん容積率が大きく取れるので、規模の大きな建物が立っています。

町並みとしても都内に近く区分マンションも多く、総戸数の多い物件が多いのです。それにともない、物件にもよりますが管理費、修繕積立金が高すぎず安過ぎずで、NET利回りで考えると、比較的高く、かつ安定しやすい物件が非常に多いのです。

川崎市自体、労働力人口が多いので、統計上も単身者が多くいます。

武蔵小杉の場合、周辺にNEC、富士通川崎工場、三菱扶桑のトラックターミナルなど、東西南北に大手企業があるので、社会人需要は結構見込めるエリアです。

ワンルームマンションはそんなに多くはありません。駅周辺では武蔵小杉駅東側（主に駅南口から東へ約5分程歩いたエリア）で物件が出やすいです。

単身者物件で多いのは、10分くらい歩く商業エリアをぬけたあたりです。この辺であれば、まだ5万円前後の家賃です。

家賃5万円の物件は、インターネットで検索するとよく出てきますが、あえて買う必要はないかなと思います。狙うのは家賃6万円の価格帯です。家賃5万円では利回りが出ていても、キャッシュフローが良くありません。

新丸子エリアは、比較的整形地があり、ワンルームが多いです。大規模開発はなくて、駅前にエイブルさんがあり、かなりワンルームに強く、すぐ埋めてくれるという話もあります。

横浜市に入ると、商業地域にあるものが、まずこの綱島駅の一角とあとは横浜駅くらい。反町も若干そうですが、沿線ほとんどの駅の近隣地区が住居系の地域なので、小ぶりな建物しか建てられません。

総戸数が20戸程度の管理状態のよくない物件は、管理費用が高いうえに家賃は取れません。これでは、目的とするキャッシュフローができません。

また乗降数も少なく、街を歩いていても、高齢者ばかりです。特に妙蓮寺・白楽・東白楽エリアは昔からある町なので、ご年配の方が多く、若い単身者が住むようなエリアではありません。

●家賃相場をチェックする

家賃相場で言うと、この川崎の3駅でだいたい駅から徒歩5分で6万円。武蔵小杉から10分から15分程歩いたエリアでは家賃4万円から5万円台となり、よくインターネットでみる物件はこの辺です。

どこのエリアでも、5分以上では検討対象から外していいかと思います。

日吉、綱島あたりだと駅2、3分内でないと6万円は厳しくなり、それ以降にいくと、5万円とるのも危ういエリアになっていきます。

綱島のワンルームは東側、徒歩10分程の場所に結構ありますが家賃は安く、西口の徒歩2分に大規模マンションがあり、家賃6万円をとれるのはそこくらいです。

再開発で新駅ができるのはまだ先の話で、ピンポイントでは狙えない場所です。管理費、修繕積立が高いと、もうキャッシュフローが全然まわりません。融資で買ってしまえば、逆ざやになってしまう可能性もあるのが横浜エリアです。

日吉には慶応大学が有り、白楽にも神奈川大学があります。特に白楽エリアをご存知の方は、大学生需要を狙って、「白楽あたりで探してください」という投資家さんもいらっしゃいますが、神奈川大学は数年前に大規模な学生寮を建てたので、そちらに入居しています。

学生寮は家賃4万円程度で貸せるので、このあたりのバブル時期くらいの築25年から30年くらいの物件は、相場が4万～4万5０００円くらいです。

19平米で5万円取れる物件もありますが、その寮ができた関係で、かなり空室が多くなってきました。

募集賃料は4万円強くらいで出てくるのですが、実際の入居は3万円前半まで下げないと入りません。ワンルームは、地場業者も積極的ではなく、やる気のない状態になっています。

横浜市（特に菊名以降）は、山あいに線路がはしり、両サイドが山で平坦なエリアが少ないのです。

そうすると、駅10分ともなれば、必ず坂があり体感で15分もかかり、山の崖地に建っているマンションも多く、入居付に苦労するエリアです。

それとは逆に川崎市の3駅は、平坦ですし、綱島街道という大きな道路の左右に商業地区に、整形された土地に規模の大きなものが建つので、駅そばに耐震性のよいワンルームマンションがあります。

家賃も6万円とれるので、都内の外れの方を買うよりもキャッシュフローもでるし、賃貸付にも苦労はしないので、業者に人気のエリアです。

しかし、たとえ競争力のないエリアであっても、安い物件なら買って良いと思います。売買価格500万円以下なら売れますし、400万円以下ならキャピタルゲインを狙った転売もできます。最近は指値が通りづらくなっていますが、購入機会があればぜひチャレンジしてみてください。

●買ってはいけない築浅物件

基本的に神奈川県側で「築浅物件を買ってはいけない」という話をしています。これは川崎の3駅でも横浜でも同じで、築浅物件はやめたほうがいいと思います。

なぜかというと、家賃の下落率が築10年くらいまでを境にグーンと大きくなっているからです。

売買に関しては、例えば武蔵小杉で築浅5、6年くらいの物件が1500～1700万円で売り出されていますが、実際には1500万円を割らないと売れません。これなら、都内を買ったほうがまだ家賃7万円をとれる物件がありますので、築浅の場合は、都内の方が良い条件になります。

買う場合は、バブル期の築古物件を勧めています。賃料もほぼ底値といわれているので、まだ運営が安定するのかなというのが理由です。

横浜駅は、かなりの人数が乗り降りするのですが、平沼橋あたりは供給過剰感があり、ワンルームも多いです。

物件価格も下がってきており、繁忙期に人の出入りが多い時期にも関わらず、家賃を下げないと入らない現象が起きています。

横浜駅から最短徒歩7分で平沼ですが、今の家賃が4万円後半から5万円くらいになっているのですが、今後さらに下がる可能性が懸念されるエリアです。

横浜は街としては有名ですが実際は、賃貸がつくエリアではないので、私はおすすめしていません。

駅5分圏内にもかなり建ってはいますが、旧耐震物件ばかりなので、これも相場よりかなり安く入手できればいいですが、普通の相場で買うと、今後のランニングコストの上昇も懸念されてきてしまうので、手が出しづらい物件が多くなるでしょう。

●今後、注目すべき東横線の駅は?

武蔵小杉も大規模再開発をしていますが、タワーマンションばかりです。それにつられてワンルームも若干上がってきているので、相場としては買いづらい状況です。

単身者は川崎市に多いので、ワンルームは安定するかなと思います。いまはバブルですが、開発が落ち着いてくると相場も下がってくるでしょう。そうなれば、まだ先にはなりますが、高家賃高利回りが期待できるかもしれません。

武蔵小杉は劇的に変化している場所です。「週刊ダイヤモンド」別冊の特集記事「首都圏の今

■首都圏の今後の注目エリア110

①	②	③	④	⑤	⑥	⑦	⑧	⑨	⑩	⑪	⑫	⑬	⑭	⑮	⑯	⑰	⑱	⑲	⑳
品川	武蔵小杉	中野	豊洲	田町	大崎	三鷹	勝どき	吉祥寺	中目黒	川崎	笹塚	横浜	渋谷	清澄白河	広尾	月島	越谷レイクタウン	二子玉川	川口

出所・「週刊ダイヤモンド」別冊特集記事「首都圏の今後の注目エリア 110」

後の注目エリア１１０」の2位になっています。

プロの注目しているエリアですが、これはファミリー物件の話で、ワンルームがどこまでそれに引っ張られるかというと疑問です。

いまファミリーは、資産価値をもとめて、住環境よりも売る時に高く売れるエリアをポイントとして、見ている人が多いという話もあります。

1位の品川は、再開発が話題になりました。東横線で見ると10位に中目黒。中目黒にも再開発の話があり、今後注目されそうです。どこも再開発が注目される地域なので、１１０駅の中で2位という武蔵小杉は、今後にむけて、物件を取得されるのは面白いと個人的には思います。

ついで新丸子駅です。武蔵小杉・新丸子駅間というのが東急東横線のなかで一番距離が短くて、ホームからホームが見えるくらいです。徒歩で5分程度、新丸子エリアもほぼ、武蔵小杉と同様のエリアと判断します。

急行も止まらないので乗降数も少ないですが、武蔵小杉よりワンルームの数が多く、単身者はこちらに入ります。賃料も変わらないため、当社のお客様には新丸子駅を買われる方は多いです。

元住吉駅は距離があるので、エリアは違います。範囲は狭いですが、家賃は6万円台、高いところで広ければ6万5000円はとれるエリアです。

駅前に「ブレーメン通り」という広い商店街があり、左右にワンルームマンションが並びます。徒歩2分内程度でもワンルームがあります。事例で言うと、徒歩4分、家賃6万円。

賃料も高く実際にエリアを歩いて見た限り、ワンルームはほとんど埋まっています。基本的には、明るい場所を通って帰れるので、安心感があり女性に人気の高い場所です。

元住吉と日吉の間に車庫があることから、元住吉は深夜の1時過ぎまで終電があります。都内へ通う人は、元住吉までで探す人が多いです。

そう考えると、川崎市の3駅までが都内並みに家賃がとれます。物件相場が上がっているため、利回りのあうものは少ないとは思いますが、買ってもよいおすすめエリアだと思います。

綱島は、東口に新駅開設が決定しています。横浜・海老名間に相鉄線がありますが、そこが東急東横線と平成31年につながります。6年後です。直通運転開始にともない、新綱島駅（仮）が東側にできます。少し期待が持てるかなというエリアです。

また、陸の孤島といわれる羽沢町にも駅ができます。その相鉄線はＪＲともつながる予定で工事もしていますが、２０１９年開業予定です。その新綱島駅周辺を再開発しようという動きが出てきています。

綱島駅の周辺は、歩道がなく道も狭く、バスターミナルのかなりの路線がある駅で、混雑しています。地形から見てもそんな大きな開発はしないものかと思っていたのですが、最近、駅周辺のマンションに「再開発をするので、計画に参加しませんか」という案内がきているそうです。

自分も今まで何本もワンルームマンションのお取引をさせてもらっているのですが、今回再開発にともないそんな通知が来たという話は初めてで、お客様から資料をいただきました。横浜市との交渉のテーブルについて、うまくいけば、等価売却や買い上げとなど、買った金額より確実にバリューアップが狙えるかもしれません。

東口のシンボル的な施設の建築も計画されているので、東口の発展に伴い空室率の緩和も考えられるのではないかと思います。

綱島駅は横浜の中でも、狭いですが商業エリアなので、駅５分圏内であれば、５万７０００円位は狙えます。

綱島駅と日吉駅のあいだに、パナソニックの元工場の更地があります。今後どういう土地利用になるのか未定のようですが、将来商業用地になり、開発好きの東急さんが狙っているという噂もあるので、盛り上がるエリアになれば・・・という期待感もあります。

そう言う意味でも、綱島は、まだまだ注目できる駅だと思います。

●東横線の乗降人数と単身者人口

2011年度のデータですが、神奈川側の方にベッドタウンが多いので、乗降人数が多いように思えますが、実際には東京も神奈川も大差ありません。

神奈川はバス便が多く、駅を利用するけれど、実際にはその周辺に住んでいない人が多くいます。その典型が綱島駅です。

綱島駅がバスのターミナルになっていて、16路線もあります。かなり遠方の、別の市区から来られる方が多いのです。

■東急東横線駅別1日利用人数（2011年度）

神奈川

駅名	利用人数
新丸子	19,828
武蔵小杉	149,361
元住吉	45,308
日吉	138,364
綱島	94,779
大倉山	51,231
菊名	129,446
妙蓮寺	24,216
白楽	42,095
東白楽	12,856
反町	12,874
横浜	327,237

東京

駅名	利用人数
渋谷	420,163
代官山	24,903
中目黒	182,860
祐天寺	29,194
学芸大学	69,522
都立大学	46,204
自由が丘	90,099
田園調布	25,348
多摩川	13,348

乗降人数からみて、投資物件を検討する人も多いの

ですが、実際はここの駅のように、かなり遠方からきている人も多くいます。そのため、「数値は参考にならないですよ」とアドバイスをすることがあります。乗降数もきちんと分析しなければ、空室の多いエリアに物件を購入しかねません。

菊名もバス便が多いです。周辺にファミリー物件が多く、空室物件を掴んでしまうケースもあります。

2012年度の乗降数は、前年比2・8％くらいアップしており、唯一、反町だけが減りました。

参考までに人口のお話をします。

神奈川県、900万人、全国2位
横浜市、約370万人、政令指定都市では全国1位
川崎市、145万人、8位

人口は、圧倒的に東京都23区が多いです。都内と比較した場合

川崎市中原区は、墨田区と同じ規模の23・5万人
単身者数　約5万人で、台東区と同じ
面積は少ないので人口密度は比較的高い

横浜というとファミリー物件が多く、武蔵小杉も同様で、今後もファミリー物件は期待できます。対して単身者向けのワンルームは据え置き、バブル期の築古が多く、家賃の下降率が激しいので、買えるエリアが狭くなります。

なお横浜エリアは、駅そばに低階層の住居用エリアがあるので、大規模物件がありません。都内に比べると、まだまだマンション数が少ないです。

●地盤と災害リスク

地震の多い日本では、神奈川県だけに限らず、日本全国リスクがあります。3・11の東日本大震災以上、地盤調査や、災害に対するリスクへの意識は高まっています。

基本的には各行政が公表するハザードマップを参考にします。「株式会社ジオテック　地盤」で検索すると、市町村単位で地盤解説してくれるサイトがあります。

ジ・アースで取得できるサービスがあり、当社ではおおまかにですが、土地の概要情報を把握しています。

7

奈々の「賃貸管理、ここは押さえよ！」

奈々の「賃貸管理、ここは押さえよ！」

本章では区分マンションの賃貸管理をテーマに、管理部の花沢奈々よりお話します。

●ワンルーム、きらめきならではの特色ある管理

区分マンションでは毎月管理費用を支払いますが、これはあくまで建物運営のための費用であり、賃貸経営に関わる管理業務は大家さんが別途に不動産管理会社と契約を結びます。

当社の管理は、基本的に買っていただいたお客様の物件を管理するという形になっていますが、その大家さんがもともと持っていた他の物件の管理を移されたり、たまに、物件の仕入れでお電話した大家さんに、「売るつもりはないけど、管理だけお願いします」と依頼されたりする事も

あります。

管理費は一律で３０００円＋税ですので、家賃の高い方がお得です。家賃が安いと管理費の割合が大きくなってしまいます。

具体的な管理内容はファミリーでもワンルームでも変わらず、入居者募集、クレーム対応と、家賃の入出金がメインになります。それから入退去と、賃貸経営のトータルフォローをさせていただいています。

きらめき不動産の賃貸管理業務

ステップ１　入居者募集業務

投資家目線で利回りを意識した入居募集をモットーに、インターネットはもちろん、客付業者からの紹介など広い窓口で、スピーディに入居者を募集します。

ステップ２　契約・送金業務

入居審査から契約締結まで全てきらめき不動産が行います。契約時には敷金と入居時精算金を一旦お預かりして、当社から大家さんへ送金します。

ステップ3　入居中業務

毎月の入金確認はもちろん、未収金の督促や各種クレーム対応も迅速に処理。万一、入居者の家賃滞納があった場合、保証会社との連携で大家さんにお支払いします（保証会社加入物件に限る）。月次報告書にくわえ年度末には年次報告書も送付するので、1年間の入出金が一覧で確認でき、確定申告にも便利です。

ステップ4　解約・退去業務

入居者の退去時には当社スタッフが立会い、ルームチェックを行います。原状回復に関しては「国土交通省の示すガイドライン」に沿って、費用負担を明確に判断して敷金精算を行います。原状回復時にアップグレードのご提案やリフォームの相談もお受けいたします。

●よくあるクレームとその対処法

管理をしている中で印象深かったエピソードと共にポイントの紹介をします。

クレームで多いのが騒音とご近所トラブル、それに漏水の3つです。

騒音でも困るのが、人の声が騒音の発生源になる場合です。ある物件では、昼夜問わずに奇声を発する人がいて、それが原因で4戸中3戸が空室でした。

幻聴が聞こえて奇声を発している場合もあるし、逆に音がしていないのに聞こえていると訴えてくる人もいます。自分たちだけでは対処ができない場合、役所にも相談して公的な力を借りながら対応します。

周囲に迷惑をかける人、話が通じない人は、入居するときの審査にも関わってくるポイントです。

物件を引き継いだときに、前回の所有者がどのくらい把握していたのかにもよりますが、賃貸中（入居中）の住人については、なるべく多くの資料をもらっておくべきです。

滞納状況も確認された方がいいと思います。5日くらいの滞納だと、滞納と見ていない管理会社が多いと思います。

いつも何日頃に家賃を支払う人なのか？　ということを、購入する前に必ず確認しておきます。自主管理をする人も、こういったポイントを押さえておくと、滞納トラブルにも早期対応できるのではないかと思います。

中には問題のある人が住んでいることを、売主が正直には言わない可能性もあります。だからこそ、資料、入居申込書、身分証明書などの確認が必要になってきます。

当社は新規でご入居してもらう際には、他社が客付の場合であっても、なるべく顔写真付きの運転免許証などで顔の確認をするよう、その辺りは気をつけています。

人相から受ける印象というのは、案外当たっているものです。神経質そうな人であれば、クレームが多いことが想定されますので、はじめからチェックしておきます。

●家賃滞納時には速やかな督促が重要

家賃を滞納された場合は、遅れたその日からほぼ毎日、電話で連絡をします。電話に出てくれなくても着信を残します。

その結果、改善するかどうかは人によります。神経の図太い人は反応がなく、自分が払えるときになったら払うケースがあります。しかし、まとめて払ってくれるというケースはまずありません。

だからこそ、家賃の滞納が溜まりすぎないうちに、すぐ督促することが重要です。

「これ以上の滞納をすればもう賃貸契約を解除しますよ！」と何度も督促状を出せば、だいたい払ってくれます。

なお管理会社から契約解除の警告ができるのは、基本的に2ヶ月以上の滞納が合った場合です。訴訟になる場合は3ヶ月以上の滞納があって、「実損」として大家さんに損害があったという実害があってからです。

そこから初めて手続きをするので、滞納されてから何ヶ月も時間がかかります。先日も強制執行で不良入居者の退去がありました。

よくあるトラブルではありませんが、賃貸経営を行う以上、おこりうるリスクです。そのため当社では新規入居者に保証会社への加入を義務付けています。

●漏水トラブルは家財保険で

苦情に関してはキッチンのパッキンの劣化による水漏れや、給湯器からお湯が出ない、排水溝に水が流れないというトラブルが多くあります。

管理会社の立場としては、どこから漏水しているのかを確認し、なるべく大家さんに負担にならぬように考えます。

基本的に、当社で入居してくださった方には家財保険アソシアに加入してもらうので、保険で対応しています。そうすると、出張料や施工料がかからず、部品の交換費用だけで解決しますので大家さんの負担も少なくて済みます。

もしも他社で頼んでしまうと、出張費だけで5000から9000円くらいはかかってしまいます。例を出すと、クラシアンに依頼すると基本料8400円（税別）プラス部品代になります。

そういう意味では弊社の管理物件に関しては、入居者さんに入ってもらっている家財保険のおかげで、そんなに工事費用がかさむこともありません。

家財保険は、普通の火災保険などと比べると保証金が出やすいのも利点です。それは、実質の被害が目の前で発生しているためで、それに対する補償の手続きや認定も早いのです。

入居者の場合は、借り物の箱（お部屋）に入っているので、それ自体がすでに他人の財産に自分の私物を入れているという形です。その他人の財産に入れていた私物は破損なり汚損した場合、被害者に単純に当てはまるので、すぐ補償が出るのです。

しかし火災の場合は、所有者が入っている保険のため、自分の持ち物に対して自分が損害を与えたことになってしまい、補償の出る率が低いと言われています。

実際に被害に遭ったものから、減価償却された金額での保険対応になるのですが、入居者の場合は新価で扱ってもらえるため、同じ物が新しくもう一回買える金額が保険として下りるのです。

入居者に対しては、自分が保険料を払っているわけですが、もしも事故が起こったときはお見舞い金が出るケースもあります。

ただし、他社から引き継いだ物件では、物件が保険に対応していないため、出張費から工事費までの全てを大家さんにお願いしければいけない場合もあります。意外と大家さんは、ご自分の物件がどんな保険に入っているのか無頓着だったりします。「建物は管理会社の保険があるからいいや、入居者も賃貸契約時に火災保険に加入しているだろう」という考えや、火災保険に加入されている方でも「火事になったら困るから火災保険に加入しよう」くらいのイメージです。

しかし、家賃3～4万円のワンルームで一回の修理に1～2万円もかかってしまえば大きなダメージです。それが半年に一度の割合で発生すると出費の負担は大きいです。

それが、保険の種類や内容にもよりますがわずか３０００円の保険料で済むのなら、お得ではないかと思います。

その他の水道トラブルですが、消耗品のパッキンとか水道のノズルを交換すれば大丈夫な不具合なら、保険で対応ができ出張費を抑えることができます。

しかし水道管そのものが老朽化してしまい、もう使えない状態であれば、かなりのコストをかけて交換することになります。

そこまでくると建物全体に関する問題なので、管理組合全体で取り替えることになり、組合の方で入っている保険でも対応ができます。そういう意味ではワンルームはリスクが限定されています。

●気を付けたい不透明な原状回復工事

入居者が退去した後に、入居時の状態に戻すための工事を、原状回復工事といいます。原状回復工事の見積りは、どこの管理会社でも取っていると思うのですが、原状回復工事のときに大家さんが直接現場へ立ち会うことは、ほぼありません。

それをいいことに不必要な工事や、実際にはやってもいない工事代金まで盛られているケースも多いようです。

管理会社が現場に行って、見積もりをとって大家さんに投げるので、多少の手間賃や利益を取るのは当然だと思うのですが、給湯器など1個が7～8万円もするものを、必要もないのに交換してしまうケースもあるのです。

ご自分の給湯器がどのくらいの年数が経っているのか大家さんは把握していないので、やりたい放題です。

安い買い物ではありませんので、本当に交換するべき状態なのか見極めることが必要だと思います。

当社に管理を依頼された物件で、それまで他社さんが管理していたケースがあります。見積りを見たわけではありませんが、原状回復に30万円も払っていました。

全額大家さんの負担で、入居者の負担はほぼ0円だったと聞いています。納得がいかないということで管理を変えられました。

そのお部屋へ実際に入ってみたら火災報知器が付いていなかったり、エアコンも分解洗浄までしていなかったり、やらなければいけない部分の工事をやっていないのに関わらず、30万円もの原状回復費用を請求されていました。

とくに地方に住んでいる大家さんは、ご自身の物件を見にくることなど滅多にありません。そういう方がよく被害にあっています。

当社は、リフォーム業者からきた見積りはそのまま大家さんへ転送しますので、そこに利益を乗せていません。

業者の見積もりを元に、「この部分は、入居者さんの負担。ただし経年劣化があったので、この部分に関しては大家さんが負担してください」という風に大家さんが何%、入居者さんが何%という負担割合を、全て明らかにしています。

管理会社を選ぶポイントとしては、こういう点も確認された方がいいかと思います。

●管理会社の選び方　～小さなコストをチェック～

他社さんの場合、お家賃を回収して大家さんに振り込む際の手数料として700～900円ほどかかかるケースがあります。

管理費自体は2500円と安い金額かもしれませんが、振込手数料で730円とか820円も上乗せされるとバカにならない金額になります。管理を任せるとき、そこを見るのも1つのポイントです。

当社も振込手数料を引かせていただきますが400円（税別）で、指定口座を作っていただければ無料になります。

どこのパンフレットを見ても、振り込み手数料が明記されておらず、「振り込み手数料自費負担」と書いてあるだけです。おそらく振込手数料よりも別の要項に目がいくためでしょう。

他にチェックポイントとしては、次があります。

「原状回復のときに、どういう負担表を見せてくれるのか」

「その設備の工事をするときにどんな資料を提出してくれるのか」

先ほどの原状回復の費用請求や管理費もそうですが、それらの書類は管理会社から事前に来るはずです。請求書が来るのか、それとも、設備詳細の記載された見積書がくるのか、このあたりも確認しておきましょう。

また入居率を聞くのも大事です。管理会社として、入居率を統計として出しているかどうか、それに対してどういう対策をしているかを確認します。

つまり、その管理会社のリーシング力がどれくらいなのか、見極めた上でお願いすべきです。人が入らないと意味がないので、どういうアドバイスが出てくるのかもチェックします。なお、当社の場合、管理物件の入居率は97％となっています。

●クレーム対応は記録が大事

当社では入居者さんからのお問い合わせからクレームまでを、ハードからソフトまでの全てを何時何分、どういう内容のクレームが来ました、と記録に残しています。

普段は大家さんにそういう記録は見せていません。しかし、後々にトラブルが起きた場合、入居者さんは自分の記憶だけをたよりにクレームを出してくるものなので矛盾が多いのです。

例えば故障の話であれば、「でも1年前に新しく交換しているのに、おかしくないですか？」と相手と冷静に話すことができますので、データ記録をしっかり保管していることは強みになります。

あとは退去をするときの、退去理由も記録をとっています。それを参考にして新規募集にも役立てていただけるようにしています。

なお、首都圏ならではだと思いますが、一番多い退去理由は「実家に帰る」というものです。

季節ごとによって、そのクレームの種類も変わります。夏はエアコンの不調が増えます。しかし、安易に「交換します」とは言わずに、まずは「リモコンの電池が切れているのではないでしょうか？」から始めて、全部を確認した上で、入居者の方にやれるだけの事は試していただいて、それで冷風が出ないようであれば、それは故障ですから大家さんに修理や交換を提案しています。

長らくクリーニングをしていなかったりすると、送風口が目詰まりを起こし、それが原因で単純に冷風が出ないということもありますし、リモコンが電池で作動していることすら知らない若い子もいます。「電池交換したらつきました！」というケースもあります。

入居したらまず、当たり前ですが電気・ガス・水道の契約を自分で電話するものですが、それすら知らない入居者さんがいます。だから、「ガスが出ないです」「お湯が出ないです」とクレームが来ます。ガスが開栓していないだけなのですが・・・。

入居時に当社は、資料として、水道局・電力会社・ガス会社の電話番号を書いたものを、お渡しししています。

客付会社も口頭でお知らせしていると思うのですが、聞いていないのか読んでいないのか、そういうレベルのお問い合わせは減りません。自主管理になると、そういうこともご自身でやらないといけません。

●退去理由から満室対策を

退去理由というのは、ワンルームに共通している原因もあるでしょうし、地域性に反映したものもあると思います。

先ほどの「実家へ帰る」というのは、一人暮らしの多い都会ならではといったイメージです。「狭くなったから」「同棲するから」というのはワンルームに多くあり、地方では転職や転勤が多いようです。それがわかれば対策の仕方も見つかるのではないでしょうか。

ただ、対処のしようがないのが「イタズラが多くて身の危険を感じる!」というケースでした。最近では物件へのイタズラです。何件かがやられているのですが、液体か何かを鍵穴に注入されているらしく、鍵が入らないし回らない状態になってしまいました。

家の中にいた人は出られないし、外から帰って来た人は入れません。タバコの灰を押し付けた跡があるなど、怖がらせるケースもあります。

その物件は法人の入居者さんが多いので不特定多数の方が出入りしていました。防犯カメラも部屋の前にはついていません。おそらく下の部屋の住民では・・・と言われていましたが、犯人を見つけることはできませんでした。

その入居者さんは更新したばかりで20年以上も住んでいる方です。まったく引っ越す気もなかったのに退室してしまいました。次に募集する際には、それも言わないといけません。大家さんからしたら痛手です。

このようなケースは管理側から対策を取るのは難しいのです。部屋ごとに大家さんがいて、当社は一棟丸ごとを管理している訳ではありません。下の部屋には下の部屋の管理会社が別にいるので、その会社に言うしかありません。

建物管理会社に言って、そこから伝えてもらう形になりますから、どうしても遠回りになってしまいます。

それは騒音問題でも同じなのですが、お隣の部屋がうるさいからと言われても、当社が直接に注意できるかというと、それは基本的にはお互いにやりません。建物管理の会社を通じて進めるからです。その建物管理会社が動いてくれる会社ならばいいのですが、面倒くさがって何もしてくれない会社もあります。そうなってくると埒があきません。

●保証会社の間口は広く

新規入居者は全て保証会社を通します。保証会社は、「リクルート」「全保連」「日本セーフティ」あたりが大手です。その後にエポスカードの「ＲＯＯＭ　ＩＤ」、「アーク賃貸保証」と続きます。当社は首都圏が中心ですが、保証会社の中には地方に強い会社もあります。アークさんは岩手で、全保連は沖縄です。

生活保護者に対しては、どこの会社も間口を広げたり閉じたりがあります。それは国が給付を絞る傾向なので、生活保護への保証が降りにくくなってきたことも要因でしょう。

保証会社は、高齢者向けとか学生向けなど、入居者によって使い分けます。外国人であれば、外国人向け賃貸保証の「ＧＴＮ」があり、学生であれば学生プランをやっている保証会社がお得に加入できます。

このように使い分けするためには、その会社全てと業務提携をしていかなければいけません。一社しか審査ができないのだとしたら、それは結果的に間口を狭めてしまうことにもなります。

当社は売買で管理引継ぎをすることが多く、必要に応じて提携している会社さんが増えてまいりました。現在18社の保険会社と提携を結んでいます。

せっかく気に入ってお申し込みをくださった入居者さまにはなるべくご入居いただきたいという思いもありますし、投資物件である以上、入居者がいて初めてスタートできるので、少しでも有利になるための強みでもあると思います。

投資家インタビュー
20 代からはじめる堅実区分所有投資

「投資家インタビュー　20代からはじめる堅実区分所有投資」

【プロフィール】

makoto　30代サラリーマン。独身。26歳から不動産投資をスタート。8部屋取得して、1部屋を売却。現在区分7部屋所有。

ブログ：20代×区分所有から始めるプログレッシブ不動産投資！

URL：http://ameblo.jp/20dai-makoto/

2010年　はじめての投資用マンションを購入して不動産投資をスタート。1年間で5部屋を購入。その前1年間は本、セミナーなどで勉強。一軒目は任意売却

2011年　きらめき不動産トラブルセミナー出席

2012年　きらめき不動産で3部屋購入

2013年　リタイヤ願望はなく、仕事を続けながら区分を増やしていく予定

後藤聡志　きらめき不動産代表
風間章宏　きらめき不動産　売買営業担当
インタビュアー　河西麻衣（不動産ライター）

【わずか2年で8部屋を購入】

――makotoさんは、いつ頃から中古ワンルームマンション投資を始められたのですか？

makoto　2010年の7月に最初の物件を買っているので、3年ちょっと前からですね。始める1年前から不動産投資の本を読んだり、セミナーに参加したりして勉強をしてきました。所有物件はこの前まで8戸でしたが、1戸を後藤さんにお願いして売却したばかりで、現在は7戸です。

――まだお若いですが、なぜ不動産投資を始めようと思われたのですか？

makoto　もともとサラリーマンの給料の他にも、毎月安定した収入が欲しかったんです。最初は何を始めるか迷いましたが、僕は毎日会社に出勤して働いているので、副業に時間を割くことができません。毎月安定して不労所得が得られる方法として、一番しっくりくるのが不動産投資でした。

一棟物を買うか？　ワンルームにするか？　で迷われる方が多いと思いますが、僕も最初は迷いました。しかし一棟物だと、僕の買えるものは地方に限定されてしまいます。遠方だと頻繁に足を運べないので管理がしづらい。だから「近場で始めたい！」というのが、ワンルームマンション投資を選んだ大きな理由でした。

――いよいよ「ワンルームマンションを買おう！」と決意をされてから、実際にどういう行動をされたのですか？

makoto　セミナーで会った方々からは、まずはいろんな業者さんに会ってみた方がいいとアドバイスを受けました。そこで片っ端から都内のワンルームを扱っている業者さんに連絡しました。10～20社は直接に会って名刺交換をして、相談をし、しっかりしていてフィーリングが合う人を探しました。後藤さんから購入したのは6戸目からなのですが。

――それまでの5戸は同じ業者さんから購入されたのですか？

makoto　いいえ、最初の物件だけ埼玉の業者さんでした。同い年の担当者さんがついてくれて、毎日のように「こういう物件が出ました！」とメールで連絡してくれました。

その中に任意売却の物件があり現地に行きました。大家さんがお金に困って差し押えられ、それを銀行が処分したかった物件でした。比較的値段が安くなりやすい、それで利回りが高くなりやすい物件なので、その日に買付を入れました。

買おうと判断したのは、もう8年くらい住んでいる入居者がいたことと、利回りと値段にしてはすごく新しく、築12年だったからです。オートロックの付いたキレイな物件で、実質の利回りは12％以上もありました。

デメリットは駅から徒歩20分と遠すぎて、バス便であるということだけで、他はかなりいい条件だったと思います。４３０万円で出ていたのを３９０万円で買っています。もともとキャッシュで買うつもりなので、翌日には現金を持っていける状態にしていました。それが指値の通った理由だと思います。２０１０年の7月です。

最初に始めたときは、今とは考え方が違っていました。サラリーマンで稼ぐ給料をどんどん貯めて堅実に「キャッシュだけで買って行こう！」と計画していたのですが、実際に購入してみて、それでは投資スピード遅すぎるなと気づきました。それで2戸目から5戸目までは、ローンを組んで買っていきました。

――期間はどれくらいで？

makoto　２０１０年の7月から12月までの半年間で立て続けに5戸も買っています。だから毎月のように決算でした。うまくやっていただいたみたいで（笑）。

――なぜ短期で買われたのですか？

makoto　区分の場合は「5戸ぐらい持っていると、1戸空室が出ても他の4戸がカバーしてくれる！」とアドバイスがありましたので。1戸だと入居率が0か１００になってしまいますから、最初はちょっと無理をしても戸数を増やそうとがんばりました。

2戸目の西新宿の物件はワンルームではなく、広さは2ＤＫ、２１００万円で40平米です。

3～5戸目はライフ住宅ローン（現三井住友トラスト・ローン&ファイナンス）です。それぞれ世田谷区上北沢の物件が８００万円、もう売却した板橋区の志村が４８０万円。それに品川区の下神明にある物件で６００万円、全部ワンルームです。3件とも実質９％で回っています。立地が良いだけに資産性も高いです。

後藤　志村の物件は売却をされたのですね。

makoto　はい。志村は初期費用など全部経費を入れたらその間の家賃も含めても40万円ほどの損切りです。入居者さんが大学生だったのですが、再来年に卒業で退去することも分かっていました。空室が埋まらない地域なので、早めに切ろうと判断しました。

これ以降、6、7、8戸目がきらめき不動産で購入しています。

後藤　最初はセミナーに来られましたよね?

makoto　そうです。2011年の末ぐらいに、後藤さんのセミナーに参加しました。その前から後藤さんが講師をされていた週末不動産塾という勉強会がありまして。僕は入塾していなかったのですが、そこの関係者から飲み会の席で、「makotoくんもワンルームを持っているなら、後藤さんという人のセミナーに参加してみたら?」と薦められて申し込みました。

後藤　それで初めて来られたのが2011年の冬ですね。最初にセミナーへ来られたとき、僕がやっていたのは『トラブルセミナー』というタイトルで、「不動産投資なんてやるもんじゃない!」「こんなに大変です」みたいなネガティブなことしか言わなかったです(笑)。

――6、7、8戸目の物件についてお聞かせください。

makoto　6戸目は桜木町から徒歩5分という立地で370万円です。利回りは凄くて、実質13・2%です。やはりリスキーな物件ほど高い。そのリスクが現実化してしまいました。

買った時点で建物の管理があまりよくないと告げられていたのですが、今年の夏に建物管理会社が飛びまして。今まで貯まっていた修繕積立金をすべて持ち逃げされて、組合の口座が0なので、全大家さんから少し集めるみたいです。40万円くらいかな。購入価格に入れたとしても11%はあるので何とかなります。

後藤　管理組合の理事になられましたよね？

makoto　最初に打ち合わせで行ったら、「頭数でいいのでmakotoさん、理事になってください」と頼まれまして。マンションのルールで、ある程度の人数がそろわないと理事会を機能させられないのです。

後藤　マンションの規模は18戸でエレベーター無しの5階建て。滞納もありましたよね？

makoto　ありました（笑）。入居者の方がご高齢で・・・。もともと体調が良くなかった方なので生活保護に入りまして、結果的に家賃収入は安定しました。孤独死の保険に入ろうかと思います。

後藤　すぐ発見されればいいですが、気づかれず10日や1ヶ月も経ってしまうと事故物件扱いになります。だから弊社も定期的に確認できるような手段を探っているのですが…。

――ポットの貸し出しで、独居高齢者の安否確認をやっている自治体があるそうです。

後藤　センサーが付いていて確認できるサービスですね。あと携帯で認証されるものなど様々なサービスが保険も含めて出ています。

――7戸目は?

makoto　横浜のワンルームです。契約は去年の12月でした。そこも利回り12%と高かったです。購入価格も同じくらいで370万円。

後藤　この時は、満室予定で契約していただいたのに入居がキャンセルになったので、入居が決まるまで弊社が家賃保証をしました。

makoto　そうです。それがありがたくて。

後藤　これはイレギュラーなことですけれど筋は通します。がんばりましたよ。手紙を書いて他の部屋のポストに「住み替えませんか?」って投函しに行きましたから。「引越し費用を無料にします!」とか。

――その物件は入居者さんに問題はなく?

makoto　はい、今のところは。去年に女性が入り全く問題ありません。

後藤　欠点は駅から遠いのです。横浜駅から歩いて17分。しかも上り坂なので実際は20分ぐらいかかります。そんな悪条件なら入らないだろうと思われますが、駅を使わない人が入ってくれます。利便性は高い場所なんですよ。

――8戸目は?

makoto　今年の3月に東京杉並区の荻窪にあります。これも買った後にいろいろあって。サブリースでお願いしていますけれど、滞納があって裁判沙汰になってしまいました(笑)。

【日本政策金融公庫を使った区分投資】

――融資の話ですが、ずっとノンバンクですか?

makoto　今は日本政策金融公庫を活用して買っています。

後藤　公庫は4800万円が上限になので、500万円前後で買っていけば10戸くらいまでいけます。

――ちなみに今のキャッシュフローは?

makoto　志村の物件を売却したので少し減り、7万円くらいです。売る前は12万5千円でした。

後藤　公庫は融資期間が10年と短い。キャッシュフローよりも時間短縮に目を向けています。現状ではそれほどキャッシュフローはないけれど、11年後から大きく返ってきます。ローンがなくなれば1軒あたり4万円でも、10戸あれば40万円が丸々入ってきますから。

makoto　そうですね。現在でも、持ちだしにはなっていませんし。何かトラブルが起きると、手出しになってしまいますけど。

――入居者入れ替え時には、現状回復の費用もかかりますしね。

makoto　ただ、今のところ、僕が持っている間で退去されたのは2回だけ。長く住んでいただいている方ばかりなので。

後藤　入れ替えが多いとそれだけで大変ですからね。空室期間が長くなると、それこそ持ち出しになってしまう。

――makotoさんの規模、8戸というのは、きらめき不動産のお客さんとしては多い方ですか？

後藤　平均が3～4戸なのでmakotoさんの8戸は多いです。この公庫が終わってキャッシュフローが出るようになってくると、変わっていきます。毎月20～30万円が入ってくると年間で200～300万円ですから。そうすると1年に1戸か2戸くらい確実にキャッシュで増やしていくことができるし、一気に加速する。

――なるほど、最初の10年間はちょっと我慢しながら増やしていく感じですね？

後藤　そうですね。仮に1年に1戸づつ10年間に組んでいくと、10年後から、毎年終わってくことになるので。やっぱりまだ年齢がお若いっていうところがアドバンテージだし。これが50歳になってからじゃ10年たつと還暦ですから。

――そうですね。makotoさんの40代がすごく楽しみですね！

makoto　そこまで待たなくても、後藤さんのこの前の本のように8年後に売ったとしても、公庫で10年というと残債が1年単位ですごく減っていく。7年後に売ったらかなりのプラスでキャッシュリターンがある。これなら貯金をしないのに貯金が貯まっていく感じですよ！

――ローンを組むときには頭金は入れているのですか？

makoto　ライフは1割くらい。公庫は入れなくても大丈夫ですが、6戸目と7戸目は少しだけ入れています。8戸目の荻窪は諸費用も含めてオーバーローンくらいで借りました。

【買い続けられる秘訣は信頼関係】

――きらめき不動産を選んだ理由を教えてください。

makoto　担当さんの評価に繋がるのですが、最初に風間さんとやり取りをしたときに同年代ということもありますし、誠実にやってくれる人という印象がありました。

今はもう本部長ですけれどやはり誠実な方だし、付き合いも2年になるので。他の人から買うよりは、これからも風間さんから買っていこうと決めています。

――やはり付き合いの長いお客様は優先的に物件を紹介されるのでしょうか?

風間　ある程度条件や背景がわかっているから、話が早くてその辺はやりやすいですね。金融機関に出す書類なども揃えやすいですし。

makoto　一応ビジネスなので信頼関係は大切ですね。やはり僕も買う側として気を使っているのは、「買う!」と決めたら買うし、希望に沿わなければハッキリとお断りします。グダグダやるのが一番よくないので今後も筋を通さないと。そういうのをハッキリさせないと良い物件情報も来ないと思う。買う側としての心構えといいましょうか。いざ買う段階になってグダグダ言う人もいるみたいですね。

風間　いますね。申込をもらって契約した後にすごく質問が来ます。こちらが伝えきれていないといえばそれまでですが。契約書の書体が違うからってクレームきたときは、最初は契約したくないから屁理屈をこねているのかな？　と思ったのですが、その後でフォントを統一したらすんなり契約していただけました（笑）。

――いろんなお客様がいますね（笑）。

風間　何を聞きたいのかハッキリと示してくだされればお答えしやすいのですが。お客様自身もよく分かっていないからやりづらいこともあります。コミュニケーションが密に取れているかどうかが問題ですね。

大規模修繕履歴や積立金など、物件について細かく聞かれるのが面倒臭いわけではありません。むしろ、どしどし確認してくださってかまいません。

makoto　僕が物件を紹介してもらうときは、事前に風間さんの方で大規模修繕履歴とか入居者さんの情報を仕入れてもらっていて「こういう感じですよ！」と説明していただいています。

風間　プロセスの中で仕入れておくべき、必須情報というのがありますので。そこは事前に抑えておきますが物件にもよります。それこそ本当に安い物件は一瞬のうちに売れてしまうため、そんなことも聞いていられないんですよ。

情報が来た時点で「買う！」「買わない！」というスピード感ですね。よっぽど「安いな、これは直ぐに売れてしまうな！」というのがあれば。とりあえずmakotoさんのようなお客様にご紹介して「どうしますか？」という働きかけはしたいです。そんな物件は滅多に出ないのですが。

――良し悪しを見分けるポイントはどこですか？

風間　相場よりすごく安い物件ともなれば、どこかにリスクは付きものです。そういうのも全部ひっくるめて、どこかに必ず一定水準以上のメリットを自分が感じられたら、すぐにご紹介しています。その代わりリスクも必ずお伝えしています。その上で買うのか買わないのかを判断してもらいますね。

――ワンルームマンションで全体の戸数が何十戸以上で！　修繕積立金が○○円以下で！

20平米以上で！　駅から10分以内で！　など、必ずみんなが要望するような項目がありますが、そんなすべての条件がそろった物件はあるものですか？

風間　買えたとしても、それなりの価格になります。だから、「どこを取るか？」の選択ですよね。安定を取るか、リスクがあっても高利回りを取るかは買主の考え方次第です。

makoto　僕が重視しているポイントはやはり都内、近い方がいいです。自分が行けるような場所の物件ですね。北海道や関西にどれだけ良い利回りの物件が出ても買わないと思います。でも「駅から何分！」というのはこだわっていません。駅から遠くてもお客さんが入るエリアがあります。そういうのは風間さんからお聞きして。

風間　駅から近くても、かえって競合が多すぎて空室が多い物件もありますから。

makoto　個人の投資家がエリアの情報を仕入れるにも限界があります。やはり業者さんに聞かないと。毎日物件を見ている人の知識に敵うわけがない。やはり信頼できる業者さんからお話が聞ければいいかなと思います。

——他に条件はありますか。ワンルームの場合は狭小な部屋も多いですが、お部屋の広さにこだわりはないのですか？

makoto　特にないですね。一番小さいのは荻窪の11平米で360万円でした。部屋が小さいけれど学生さんが多いので賃貸需要はありますよ。駅から徒歩5分で近いし。

風間　家賃は低いですが、募集をしたときに引っかかりやすいです。その家賃で充分に利回りが出れば問題ないでしょう。当社で紹介している物件は、リスクがあっても、どこかは絶対に長けています。makoto さんが買われている物件がそうです。それは間違いないと思います。

【今後の投資方針】

――今後も増やしていくご予定ですか?

makoto　はい、10戸といわず最低でも15戸は欲しいです。なかなか厳しい状況ですが、すごく買いたいので、担当の風間さんにも「何か良い物件があったら直ぐに!」とお願いしています。やはり去年に買ったときに比べると、全体的に不動産価格が上がって利回りが低いです。

風間　そうですね。去年と比べると100~200万円ほど高くなっています。神奈川も場所によっては200~300万円ほど上がったところがあります。小杉と下丸子は再開発の関係もありますけれど。

だから今、makotoさんの持ち物件を売ったら、けっこうな売却益が出ると思いますよ。ただし「買い替えるか？」といえば買い替えられる物件もない状態です。今は漠然と7年後の東京オリンピックが開催されるまで「不動産価格は下がらない！」と予想している人が多いですね。建築費の高騰が反映されてとか、消費税の増税もありますし。

makoto　待っていてもいつ不動産の価格が下がるかもわからないので、今の状況に合わせた物件を買っていく方が賢明だと思っています。どちらにせよ利回りがあるのなら、ちゃんと回せばプラスになります。

――この本の読者も、makotoさんのように業者さんから情報が来るような投資家になりたいと望んでいると思います。立ち入ったことをお聞きしますが年収やご家族は？

makoto　初めて買ったときは年収４００万円台でした。今は６５０万円ほどです。まだ独身ですが、できれば35歳ぐらいまでに結婚して子どもも欲しいです。全然ノープランですが。ただ、家を買うことはないと思いますね。それだったら賃貸に住みたいです。

――不動産投資をしている人は自分の物件を高利回りで貸して、低利回りの物件を借りて

住んでいるケースが多いですね（笑）。

風間　そうかもしれませんね。

makoto　飽きっぽい性格なのでひとつの家にずっと住むよりは、「あの街に住みたいな～」と思ったら転々としてみたいです。今住んでいる自宅も普通にアパマンショップで探しました。そんなときも「このマンションは買うといくらかなぁ」と思いながら選びました。家賃に指値を入れましたが通りませんでした（笑）。自分も大家さんをやっているから、「この部屋だと家賃○○円で利回り○○％で回っているな！」とつい考えてしまいますね（笑）。

――話はかわりますが、最近は「ワンルーム価格で築古戸建を！」というのが流行っていますが、戸建に魅力は感じないのですか？

makoto　知り合いでやっている人もいますが、僕はあまり知識がありません。戸建はどういう観点で見ればいいのかよくわからない。それを一から勉強し直すくらいなら、3年間やってきたワンルームで戦っていこうと思います。

後藤　戸建は家賃次第と思いますね。ボリュームがあると修繕費もかかってしまうし。土地の価値も絡めて考えないといけませんからね。

――流行の海外投資には？

makoto　今のところ関心は全くないし、全然わからない世界です。それこそ自分の手が届かないところになってしまうので。向こうでトラブルが起きたら対処できないじゃないですか。遠隔でやるしかない。

ＦＸや株には手を出したこともありません。物じゃなく紙切れでお金が動くことに抵抗があります。

――すごく堅実ですね。

makoto　でも借金が４０００万円もありますよ（笑）。

風間　でも、それは時間と共になくなっていきますから。

makoto　そうですね。区分は切り売りができるので、ダメになったら「これ売ろう！」って感じで。これって実はすごくリスクが少ないですよ！

風間　子どもが大学に進むから「1戸売って学費にするか」とか。区分をやっていない人は、意外に売りやすいというメリットを知らないですね。「ワンルームなんて売れないよ！」って、知らない人に限って言うんですよ。

――お話を聞いて、ワンルームの魅力を再確認できました。やはり堅実な投資だと感じました。今日はとても参考になりました。ありがとうございました！

makoto　こちらこそありがとうございました！

おわりに

２０１４年から証券口座ＮＩＳＡが始まりました。物価上昇２％を目標に日本は大きな転換期を迎えているように感じます。

「まだ下がるかもしれない」という空気が、実際のデフレの要因となるように、「これからは良くなるんだ」という気が、景気を良くしていくのでしょう。

不動産投資マーケットが確実に拡大していることを肌で感じます。また不動産投資と言っても新築・中古、区分・１棟、木造、ＲＣ、戸建等、また、海外不動産や太陽光発電等、ここ数年でそのラインナップも急激に増加したように感じます。

本文にもありますが、「何が一番良い！」ということは人の価値観の問題ですから、それぞれに合ったものを選択すれば良いと思います。

しかし、全ての不動産投資において「入口」と「出口」と「その保有期間」を考慮することは共通に大切なことであり、本書を通じてその考え方がひとりでも多くの方に理解して頂ければ幸いです。

私自身も前著の時期はアンチ1棟な考え方でおりましたが、年のせいか角が取れたのか、最近では比較的多くの事柄を受け入れることが出来るようになってきました。

本書で紹介しているのは、あくまでbefore tax（税引き前）の話ですから、本来はafter tax(税引き後)までを考慮しなければならないわけです。

税金と不動産投資はすごく密接に関わりあっていますが、ボリュームの問題、個人間にて税率に差があることや、自分自身が税理士ではない等々の理由から本書で税については触れておりません。またの機会があればそのときにと思っております。

加えて相続税率が変更になったことにより、多くの不動産業者が相続対策には不動産投資が有効であると、営業に凌ぎを削り始めております。

もちろん、現金で相続をするよりは、評価額にて評価される不動産の方が相続対策には非常に有利なのは言うまでもありません。だからといって投資用不動産ならば何でも良いわけではないのです。そこは本書で紹介した手法を用いて判別をしていただければ本望です。


執筆にあたりお世話になりました、クラブハウス社の河西さん、編集の布施さん、インタビューにご協力頂きましたブロガー投資家のmakotoさん、後半章に協力頂いたきらめき不動産の風間章宏さん、長谷川順一さん、岸明日美さん、小林春奈さん。皆さんの協力があり、本書を完成させることが出来ました。

大きな感謝をしております。ありがとうございました。

平成26年5月

きらめき不動産　後藤聡志

後藤聡志（ごとうさとし）

1976年生まれ。川口市出身。獨協大学卒業後、様々な職を経験。「金持ち父さん貧乏父さん」を読み不動産投資の世界を知りたく2004年に不動産業界に転身。2008年、きらめき不動産株式会社を創業、代表取締役。中古ワンルームを中心とした不動産投資売買・管理に日々携わっている。

著書に話題となった『ワンルームマンションは8年で売りなさい』（クラブハウス刊）

■保有資格

ＣＰＭ（米国不動産経営管理士）・宅地建物取引業主任者・賃貸不動産経営管理士・住宅ローンアドバイザー・定借プランナー・古民家鑑定士・損害保険募集人資格・少額短期保険募集人資格

おにぎりとワンルーム投資
――IRR17%をかなえる方法

発行日　2014年　5月　20日　初版
著者　後藤聡志
発行人　河西保夫
発行　株式会社クラブハウス
〒151-0051　東京都渋谷区千駄ヶ谷3-13-20-1001
電話　03-5411-0788（代表）
FAX　050-3383-4665

編集協力　河西麻衣
布施ゆき
装丁・本文デザイン　ナカヤアキエ
印刷　シナノ印刷

ISBN978-4-906496-52-5

片付かない！どうする我が家、親の家 ミドル世代の暮らし替え整理術

杉之原 冨士子 (著)、日本ホームステージング協会 (監修)

¥ 1,500（税別）

「捨てられない」ことを責めないで。

マスコミで話題の「日本一思い出を大切にする整理屋さん」が書いた心もスッキリするお片づけ本。数千件の引越、遺品整理、お片づけの現場経験から生まれた「幸運を呼ぶ」ノウハウ満載！女性だけの整理屋さん、株式会社サマンサネット代表取締役　杉之原冨士子（すぎのはらふじこ）初の著書。


「みなさんは、あと 15 分で家が焼けてしまう時に、何を持って逃げますか？」

「あなたは老人ホームに持っていくひとつのトランクに、何をいれますか？」

私たちサマンサネットは女性だけの整理屋さんです。本書では、人生の転換期であるミドル世代からの暮らし替えを提唱して、すぐ使える整理術、引越のノウハウを多く公開しています。

ワンルームマンションは 8 年で売りなさい

後藤 聡志 (著)　¥ 1,500（税別）

安く買って 高利回りで貸して 高く売る！

平均実利 9%を可能にする「きらめきメソッド」とは！？
売却物件委託率・神奈川県ナンバー 1
わずか設立 4 年で、激戦区を制したワンルームマンションの若きカリスマが伝授する、目からうろこの投資術初公開！

いまや中古ワンルームは、手堅い金融商品です！

不動産からの家賃は不労所得です。あなたが何もしなくても黙々と家賃を稼ぎ続けてくれます。

ローンを使っても、毎月の収支がプラスであれば、勝手に残債が減っていきます。

「何もしていないのに、気が付いたら結構な資産ができていた」

それがワンルームマンション投資の良さなのです 。